ZHUANLIFA YANJIU

专利法研究

2017

国家知识产权局条法司　编

知识产权出版社
全国百佳图书出版单位

图书在版编目（CIP）数据

专利法研究. 2017/国家知识产权局条法司编. —北京：知识产权出版社，2019.3

ISBN 978-7-5130-6152-0

Ⅰ.①专… Ⅱ.①国… Ⅲ.①专利权法—研究—2017—年刊 Ⅳ.①D913.04-54

中国版本图书馆 CIP 数据核字（2019）第 042292 号

内容提要

本书分 4 个专题，即知识产权问题、专利保护、外观设计、国际公约，汇集 11 篇文章，围绕近年专利领域热点问题展开研究。

责任编辑：王祝兰　　**责任校对：**谷　洋

装帧设计：SUN 工作室　韩建文　　**责任印制：**刘译文

专利法研究 2017

ZHUANLIFA YANJIU 2017

国家知识产权局条法司　编

出版发行：知识产权出版社有限责任公司	**网　　址：**http://www.ipph.cn
社　　址：北京市海淀区气象路 50 号院	**邮　　编：**100081
责编电话：010-82000860 转 8555	**责编邮箱：**wzl@cnipr.com
发行电话：010-82000860 转 8101/8102	**发行传真：**010-82000893/82005070/82000270
印　　刷：北京嘉恒彩色印刷有限责任公司	**经　　销：**各大网上书店、新华书店及相关专业书店
开　　本：720mm×960mm　1/16	**印　　张：**9.75
版　　次：2019 年 3 月第 1 版	**印　　次：**2019 年 3 月第 1 次印刷
字　　数：160 千字	**定　　价：**56.00 元

ISBN 978-7-5130-6152-0

目　录

知识产权问题

专利保护

外观设计

国际公约

知识产权基本法立法思路与总体内容研究*

张　鹏[1]

摘　要

研究制定知识产权基本法是处于知识产权入典和知识产权成典之间的重要战略选择。就知识产权基本法的基本秉性而言，从知识产权入典的角度，知识产权基本法是民法典知识产权规定的落实；从知识产权成典的角度，知识产权基本法是知识产权法典的探索，知识产权基本法是知识产权入典和知识产权成典之间的历史衔接。就知识产权基本法的内容而言，应当是“一个目标、两个维度、三个支柱、四个特征、五个原则、六个制度”。知识产权基本法的一个目标是，中国特色知识产权制度的基本法律，知识产权强国建设的制度支撑。知识产权基本法的两个维度是，在国内维度上严格知识产权保护、促进知识产权运用，在国际维度上推动形成普惠包容、平衡有效、

* 本文系司法部2017年度国家法治与法学理论研究课题“以司法保护为主导的知识产权保护体系研究”（项目编号17SFB5014）和国家知识产权局2018年度软科学研究项目“知识产权政策法律化路径考察”（项目编号SS18-A-07）的阶段性成果。

[1] 作者单位：华东政法大学（博士后）、北京市中伦律师事务所。

严格保护、促进发展的知识产权国际规则。知识产权基本法的三个支柱是，知识产权严格保护制度、知识产权运用促进制度和现代知识产权治理体系。知识产权基本法的四个特征是，形成和完善归属清晰、权责明确、保护严格、流转顺畅的现代知识产权制度。知识产权基本法的五个原则是，权利法定原则、地域保护原则、严格保护原则、诚实信用原则和高效运用原则。知识产权基本法的六大制度是，知识产权保护格局制度、知识产权侵权救济制度、知识产权权利重叠与冲突制度、重大经济活动知识产权分析评议制度、知识产权协同运用制度、知识产权长臂管辖制度。

关键词

知识产权基本法　知识产权强国建设　中国特色知识产权制度　现代产权制度　知识产权国际规则

在知识产权学界，法典化运动大抵有两层含义：一是实现知识产权法与民法典的连接，即在民法典的民事权利框架中对知识产权进行制度安排，是一个知识产权“入典”问题；二是实现知识产权法律体系化，即在民法典之外再设专门法典，是一个知识产权“成典”问题。❶ 未来我国知识产权法的发展过程将呈现出以“入典”和“成典”为基本选择的法典化的趋势。❷ 目前，《民法总则》第 123 条规定民事主体依法享有知识产权，同时对知识产权保护客体作出了明确规定，就知识产权入典迈出了关键的一步。然而，基于私权属性的本质回应与技术观念的现实障碍，我国采取高度集中的糅合式立法模式，仅仅用《民法总则》第 123 条一个条文进行知识产权规则集中性规定，可能性非常大。因此，我国知识产权法律制度采取了“链接式入典”的民法典衔接模式。同时，实现知识产权法律体系化，亦即在民法典之外再设专门法典的知识产权“成典”，是我国知识产权法学界的主流观点。然而，法典是“一套内容十分完整、具有严格的逻辑顺序并且用语精确的综合性法律规定的总和”❸，是法律体系化的最高表现形式，我国知识产权成典需要以知识产

❶ 吴汉东. 知识产权精要：制度创新与知识创新［M］. 北京：法律出版社，2017：425.

❷ 吴汉东，刘鑫. 改革开放四十年的中国知识产权法［J］. 山东大学学报（哲学社会科学版），2018（3）：16-28.

❸ POSTEMA G J. Bentham and the Common Law Tradition［M］. London：Oxford University Press，1986：423.

权体系化作为基础，以中国特色知识产权理论作为支撑，目前仍存差距。我国知识产权法典未来会采用“解构化成典”[1] 的模式，在民法典之外建立知识产权法典这一特别民法制度，由知识产权法典这一特别民法制度回应社会关系的发展。从知识产权制度体系化的进程而言，在知识产权“链接式入典”和知识产权“解构化成典”之间，需要研究制定知识产权基本法，作为知识产权入典和成典的重要衔接，作为中国特色知识产权法律制度的总体统领。

一、知识产权基本法的立法思路

就知识产权基本法的基本秉性而言，知识产权基本法既是民法典知识产权规定的落实，是“法典解构”下的特别民事法律制度的概括；又是知识产权法典的探索，是知识产权入典和知识产权成典之间的历史衔接。在上述法律制度位阶中，知识产权法典的重要制度价值在于，衔接民法典总则编第 123 条，将民法典价值取向、权利观念、基本属性在知识产权法律制度中加以落实，并对知识产权单行法起到引领统领作用。可见，知识产权基本法是民法典的特别法，是未来知识产权法典的总则或者通则，引领未来知识产权法典的总体定位、价值取向与骨干制度。进一步，就知识产权基本法的价值归属而言，它是充分发挥市场配置创新资源决定性作用的制度保障，是知识产权治理体系和治理能力现代化的基本依托，是提高知识产权国际竞争力、引导知识产权国际规则发展的范式立法例，应当是有效激励创新发展的促进法、严格保护知识产权的实现法、发展中国家知识产权制度的示范法。

立足上述定位，就知识产权基本法的总体思路而言，其包括“一个目标、两个维度、三个支柱、四个特征、五个原则、六个制度”。知识产权基本法的一个目标是，中国特色知识产权制度的基本法律、知识产权强国建设的制度支撑。党的十九大报告指出，全面依法治国是国家治理的一场深刻革命，必须坚持厉行法治，推进科学立法、严格执法、公正司法、全民守法，完善以宪法为核心的中国特色社会主义法律体系，建设中国特色社会主义法治体系。中国特色知识产权制度是中国特色社会

[1] 谢鸿飞. 民法典与特别民法关系的建构 [J]. 中国社会科学，2018 (3)：15.

主义法律体系的重要组成部分，是中国特色社会主义法治体系的基本构成要素，是国家知识产权治理能力和治理体系现代化的制度基础，是知识产权强国建设的制度支撑。知识产权强国建设由理论体系、发展道路、支撑制度三位一体构成，知识产权强国建设理论体系是指导知识产权强国建设的基本理论，是中国特色社会主义理论在知识产权领域的具体落实；知识产权强国建设的发展道路是立足我国国情谋划的知识产权强国建设的时间表、路线图，是中国特色社会主义道路在知识产权领域的现实反映；知识产权强国建设的支撑制度是知识产权强国建设的制度体系，是中国特色社会主义法律制度的组成部分，三者构成了引导我国知识产权事业发展的基本框架。其中，知识产权强国建设理论体系为道路拓展和制度创新提供理论支撑，知识产权强国建设道路为理论形成发展和制度创新完善提供实践基础，中国特色知识产权制度为道路拓展和理论创新提供制度保障，三者统一于知识产权事业科学发展的伟大实践中。在加快建设知识产权强国的征程中，我们要坚持以理论创新为先导，以制度完善为保障，深化对知识产权强国建设道路的探索，推动知识产权事业不断前进。在这一过程中，中国特色知识产权制度建设为知识产权强国建设提供制度支撑，具有非常突出的重要意义。知识产权基本法应当成为中国特色知识产权制度的基本法律、知识产权强国建设的制度支撑。

知识产权基本法的两个维度是，在国内维度上严格知识产权保护、促进知识产权运用，在国际维度上推动形成普惠包容、平衡有效、严格保护、促进发展的知识产权国际规则。中国特色知识产权制度的内涵是，兼具“创新之法”和“发展之法”的属性，是激励创新的基本法、高端发展的促进法、维护秩序的保护法，是知识产权强国建设的制度基础，是中国特色社会主义法律制度和中国特色社会主义法治体系的组成部分。中国特色知识产权制度的外延是，知识产权法律制度、与知识产权相关的法律制度、知识产权公共政策以及知识产权国际规则。因此，知识产权基本法需要从国际、国内两个维度部署相关制度，在国内维度上部署严格知识产权保护、促进知识产权运用的制度，在国际维度上推动形成普惠包容、平衡有效、严格保护、促进发展的知识产权国际规则。

知识产权基本法的三个支柱是，知识产权严格保护制度、知识产权运用促进制度和现代知识产权治理体系。知识产权基本法的四个特征是，形成和完善归属清晰、权责明确、保护严格、流转顺畅的现代知识产权制度。知识产权基本法的五个原则是，权利法定原则、地域保护原则、严格保护原则、诚实信用原则和高效运用原则。其中，“权利法定原则”包括三个层面。一是知识产权的种类和内容，由法律法规予以规定。二是国家建立知识产权动态立法机制，根据发展需要及时调整法律法规。新型创新成果的知识产权保护办法由国务院另行规定。三是根据知识产权法律法规保护的，不影响其享有反不正当竞争法的补充保护。擅自利用他人知识产权客体的行为，适用知识产权法律法规的规定；知识产权法律法规没有规定的，可以适用反不正当竞争法的规定。“地域保护原则”主要是指根据中国法律法规和参加的国际条约的规定产生的知识产权在中国境内有效。依据其他国家和地区法律产生的知识产权要获得中国法律保护的，依照有关国际条约、双边协议或按互惠原则办理。知识产权的归属、内容、限制、行使与保护的程序由知识产权基本法和相关法律规定，相关国际条约或知识产权基本法或相关法律有不同规定的除外。“严格保护原则”主要是指，国家依法严格保护知识产权，权利人的人身权利、财产权利以及其他合法权益受法律严格保护，任何组织或者个人不得侵犯。同时，国家依法平等保护国内外权利人的知识产权。“诚实信用原则”的基本内涵是，知识产权的创造、保护、运用、管理、服务应当遵循诚实信用原则，秉持诚实，恪守承诺。知识产权的取得和行使，应当遵守法律，尊重社会公德，不得损害国家利益、社会公共利益和他人合法权益。“高效运用原则”则是要求倡导各类主体的创新、创业、创意活动，鼓励开展原始性、颠覆性、突破性创新，激励在此基础上获得各类知识产权，积极促进知识产权运用，提升知识产权运用效益。

二、知识产权基本法的制度结构

就知识产权基本法的制度结构而言，是充分发挥市场配置创新资源决定性作用的制度保障，是知识产权治理体系和治理能力现代化的基本依托，是提高知识产权国际竞争力、引导知识产权国际规则发展的范式立法例，应当是有效激励创新发展的促进法、严格保护知识产权的实现法、发展中国家知识产权制度的示范法。

（一）充分发挥市场配置创新资源决定性作用的制度保障

知识产权基本法是充分发挥市场配置创新资源决定性作用的制度保

障，是有效激励创新发展的促进法。《中共中央关于全面深化改革若干重大问题的决定》指出："产权是所有制的核心。健全归属清晰、权责明确、保护严格、流转顺畅的现代产权制度"。《中共中央 国务院关于完善产权保护制度依法保护产权的意见》明确提出"坚持平等保护、坚持全面保护、坚持依法保护、坚持共同参与、坚持标本兼治"的基本原则，强调保护产权不仅包括保护物权、债权、股权，也包括保护知识产权及其他各种无形财产权，进一步完善归属清晰、权责明确、保护严格、流转顺畅的现代产权制度和产权保护法律框架。

首先，知识产权基本法应当规定知识产权归属和权能制度，实现知识产权的权利归属清晰和权能科学。对知识产权的所有权、使用权、处置权、收益权等权能进行配置，优化财政资助项目的知识产权归属与权能配置，建立财政资助项目形成的知识产权信息公开机制，促进财政资助项目形成的知识产权成果高效运用。赋予高等院校、科研机构对其享有的知识产权的处置权和收益权，优化职务知识产权归属与利益分配制度，有效平衡单位与创新创造者之间的关系。明确国防项目委托研发主体、研发成果的知识产权归属，促进知识产权军民融合发展。通过知识产权权能的配置和归属的设计，充分调动创新创造者的积极性，有效激励创新。

其次，知识产权基本法应当规定知识产权保护制度，强化知识产权的严格保护。建立知识产权动态立法机制，根据发展需要及时调整法律法规。就新业态新领域创新成果的知识产权保护，授权国务院通过行政法规加以规定。对知识产权保护客体的交叉重叠产生的权利冲突与权利重复保护进行调整。充分发挥知识产权司法保护主导作用，建设由知识产权统一上诉法院、若干知识产权法院等共同构成的知识产权审判组织体系，提出适应知识产权特点的诉讼制度（如证据开示制度、诉前或者诉中行为保全制度、技术调查官制度等），加强知识产权综合执法，打通知识产权创造、运用、保护、管理、服务全链条，构建高效便捷、综合可及的知识产权保护体系。通过知识产权严格保护的落实，维护良好的市场竞争秩序，不断优化市场环境和法治环境。

最后，知识产权基本法应当规定知识产权流转制度，降低知识产权流转的交易成本，提高知识产权流转的交易安全。建立全国知识产权运营公共服务体系，供给交易信息，降低交易成本。建立国家重大产业规划、高技术领域重大投资项目的知识产权布局原则、目标评估等制度。建立国家科技计划（专项、基金等）知识产权目标评估制度。建立重点领域评议报告发布机制。制定评议服务标准。建立重点产业联盟管理库，对联盟发展状况进行评议监测和分类指导。通过这些制度设计，降低知识产权流转的交易成本，提高知识产权流转的交易安全，促进知识产权高效运用，让知识产权成为创新驱动发展的基本制度保障。

（二）知识产权治理体系和治理能力现代化的基本依托

知识产权基本法是知识产权治理体系和治理能力现代化的基本依托，是严格保护知识产权的实现法。《中共中央关于全面深化改革若干重大问题的决定》指出："全面深化改革的总目标是完善和发展中国特色社会主义制度，推进国家治理体系和治理能力现代化。"《国务院关于新形势下加快知识产权强国建设的若干意见》要求："到 2020 年，在知识产权重要领域和关键环节改革上取得决定性成果，知识产权授权确权和执法保护体系进一步完善，基本形成权界清晰、分工合理、责权一致、运转高效、法治保障的知识产权体制机制，知识产权创造、运用、保护、管理和服务能力大幅提升，创新创业环境进一步优化，逐步形成产业参与国际竞争的知识产权新优势，基本实现知识产权治理体系和治理能力现代化，建成一批知识产权强省、强市，知识产权大国地位得到全方位巩固，为建成中国特色、世界水平的知识产权强国奠定坚实基础。"将基本实现知识产权治理体系和治理能力现代化作为 2020 年知识产权强国建设的重要目标。

首先，知识产权基本法应当规定知识产权经济调节、市场监管、公共服务相关法律制度，充分发挥市场配置创新资源的决定性作用，更好地发挥政府作用。现代化的国家知识产权治理体系的总体思路如下。[1] 一是管理体制健全完善。国家知识产权管理架构健全，职能配置科学，权责统一、运行高效的大部门制初步形成。二是治理主体良性互动。政府、企业和社会组织这三大类治理主体彼此协同，良性促进，无缝隙地满足社会对知识产权公共服务的需求。三是治理机制协同增效。国家综合运用政府、市场和社会三种治理机制的功能优势，发挥三种治理权威的协

[1] 宋世明，张鹏，葛赋斌. 中国知识产权体制演进与改革方向研究［J］. 中国行政管理，2016（9）.

同优势。❶ 这其中，知识产权基本法需要促进政府充分发挥知识产权经济调节、市场监管、公共服务的作用，推动政府管理职能向运用知识产权制度和政策手段加强经济调节方向转变，向完善知识产权领域市场监管体系和完善知识产权领域公共服务方向转变，构建完善的国家知识产权治理体系，提高国家知识产权治理能力。❷

其次，知识产权基本法应当规定知识产权利益分享相关法律制度，发挥政府在促进知识产权高效运用方面的引导作用。知识产权基本法应当对知识产权所有权、处置权、收益权等权能作出划分和规定，激发不同类型、不同层次的创新主体的创新热情和转化创新成果的主动性。在知识产权高效运用方面，企业是主体，市场是主要动力，同时政府需要充分发挥引导作用。因此，迫切需要形成职责明晰、积极作为、协调有力、长效管用的知识产权治理体系，发挥政府在促进知识产权高效运用方面的引导作用，引导广大创新主体采用灵活多样的方式运用知识产权创造价值。

最后，知识产权基本法应当规定知识产权公共政策决策机制和运行机制，提高知识产权公共政策有效性。知识产权公共政策的总体方向是，以制度建设和政策设计为手段，充分释放出市场配置资源的决定性力量，健全知识产权运用的市场导向机制，发挥知识产权公共政策体系对科技成果产权化、知识产权产业化、知识产权产业贸易化的导向作用。❸ 由于创新形态发展迅速，科技创新瞬息万变，对知识产权公共政策的动态性和实效性均具有较高的要求，因此迫切需要知识产权基本法顺应创新主体多元、创新活动多样、创新路径多变的新趋势，推动知识产权公共政策决策机制和运行机制创新，形成多元参与、协同高效的知识产权治理格局。

---

❶ 徐嫣，宋世明．协同治理理论在中国的具体适用研究［J］．天津社会科学，2016（2）：74-78.

❷ 张鹏，刘洋，张志成．抢抓机遇，加快知识产权强国建设：《知识产权强国建设——战略环境、目标路径与任务举措》报告摘编［EB/OL］．［2018-08-21］．http：//www. sipo. gov. cn/ztzl/zscqqgjs/yjcg-qgjs/1064869. htm.

❸ 张鹏．知识产权公共政策体系的理论框架、构成要素和建设方向研究［J］．知识产权，2014（12）：69-73.

（三）提高知识产权国际竞争力、引导知识产权国际规则发展的范式立法例

知识产权基本法是提高知识产权国际竞争力、引导知识产权国际规则发展的范式立法例，应当是有效激励创新发展的促进法、严格保护知识产权的实现法、发展中国家知识产权制度的示范法。

首先，适应国际知识产权制度的发展趋势，知识产权基本法应当部署知识产权对外交流合作的关键制度。目前，已经进入知识产权全球治理新结构初步形成的时期，亦即世界知识产权组织、世界贸易组织以及“超 TRIPS”（又被称为 TRIPS+，TRIPS-Plus）复边、多边和双边机制共存，也被称为后 TRIPS 时代。知识产权国际合作日益深化，知识产权国际竞争日益激烈，国际知识产权法律制度呈现内容执行性、主体配合性、手段转移性的特点，知识产权执法成为知识产权国际规则变革的新战场，发达国家与产业界密切配合，频繁采用垂直论坛转移作为主要战略手段。知识产权国际规则变革的趋势是，多边层面知识产权国际规则进展缓慢，双边、复边层面知识产权国际规则成为焦点；提高知识产权保护力度势不可当，发挥知识产权制度促进发展作用尚需加强。[1] 在这样的时代背景下，建议知识产权基本法探索部署知识产权不公平贸易调查制度，针对知识产权侵权行为形成更为全面的边境措施，建立国内自由贸易区知识产权执法规则，研究知识产权纠纷长臂管辖与专属管辖制度。

其次，适应我国发展需要，加强知识产权双边合作并强化知识产权对外援助。加强知识产权双边合作，深化同主要国家知识产权、经贸、海关等部门的合作，巩固与传统合作伙伴的友好关系，积极推动区域全面经济伙伴关系和亚太经济合作组织框架下的知识产权合作。建立“一带一路”沿线国家和地区知识产权合作机制和博鳌亚洲论坛知识产权研讨交流机制。加强世界知识产权组织、世界贸易组织框架下的知识产权合作，推动相关国际组织设立知识产权仲裁和调解分中心。另外，国家应当通过各种有效措施支持和援助发展中国家知识产权能力建设，鼓励向部分最不发达国家优惠许可其发展急需的专利技术。加强面向发展中国家的知识产权学历教育和短期培训。

---

[1] 葛亮，张鹏.《反假冒贸易协议》的立法动力学分析与应对［J］. 知识产权，2014（1）：4-8.

三、知识产权基本法的关键制度

知识产权基本法的主要制度包括知识产权保护格局制度、知识产权侵权救济制度、知识产权权利重叠与冲突制度、重大经济活动知识产权分析评议制度、知识产权协同运用制度、知识产权长臂管辖制度。

第一，完善双轮驱动、平衡高效、多元保护、灵活可及的知识产权保护制度。知识产权基本法是民法典的特别法，是未来知识产权法典的总则或者通则，引领未来知识产权法典的总体定位、价值取向与骨干制度。基于上述定位，知识产权基本法仍应秉承民法典确立的、未来知识产权法典作为特别民事法律制度也要继续坚守的“私权—私法—司法”的基本逻辑。严格知识产权保护，发挥知识产权司法保护主导作用，发挥知识产权行政保护快捷性、便利性优势，完善司法保护和行政保护两条途径优势互补、有机衔接的知识产权保护模式，形成包括司法审判、刑事司法、行政执法、快速维权、仲裁调解、行业自律、社会监督等的多元纠纷解决机制。一方面，充分发挥知识产权司法保护主导作用。国家建立知识产权统一上诉法院，建立区域布局均衡发展的知识产权法院体系，完善知识产权专门审判机构合理布局，实行知识产权民事、行政和刑事审判合一。制定符合知识产权审判特点的特别程序规则，就知识产权审判机构、管辖、证据、保全等作出规定，积极推行知识产权案例指导制度和技术事实查明机制。另一方面，加强知识产权综合执法，构建高效便捷、综合可及的知识产权保护体系，依法加强涉及知识产权的市场监督管理。完善执法协作、侵权判定咨询与纠纷快速调解机制，查处有重大影响的知识产权侵权假冒行为，全面公开知识产权行政执法信息，实现全流程材料全面公开，强化执法队伍建设。建设知识产权快速维权机制，构建知识产权快速授权、快速确权、快速维权的工作机制。同时，加强确权程序与侵权纠纷处理程序的衔接，积极改进民行交叉案件的审判机制，加强行政与司法的高效衔接，避免循环诉讼，加快纠纷的实质性解决。

第二，完善知识产权侵权救济制度。正如刑事法学由犯罪论和刑法论共同构成一样，知识产权侵权救济制度由责任构成制度（侵权论）和责任承担制度（赔偿论）构成。[1] 首先，从责任构成制度的角度而言，明确知识产权侵权的过错责任原则。亦即，行为人侵害他人知识产权的，应当停止侵害，法律另有规定的除外；行为人没有过错的，应当赔偿损失。其次，从责任承担制度的角度而言，明确停止侵害、赔偿损失、赔礼道歉等民事责任以及行政责任、刑事责任。针对知识产权侵权损害赔偿制度，从实体法和程序法两个方面加以完善。亦即，从实体法角度而言，侵害知识产权的赔偿数额，可以照权利人因被侵权所致的实际损失、侵权人因侵权所获得的利益或者参照该知识产权许可使用费的倍数合理确定。对恶意侵害知识产权且情节严重的，可以在按照上述方法确定数额的 1 倍以上 3 倍以下确定赔偿数额。权利人因被侵权所受到的实际损失、侵权人因侵权所获得的利益、知识产权许可使用费难以确定的，人民法院可以根据知识产权的类型、侵权行为的性质和情节等因素在法律规定的幅度内合理确定赔偿数额。具体赔偿幅度，由法律另行规定。从程序法角度而言，人民法院为确定赔偿数额，在权利人已经尽力举证的前提下，应当责令侵权人提供与侵权行为相关的账簿、资料；侵权人不提供或者提供虚假的账簿、资料的，人民法院可以参考权利人的主张和提供的证据判定赔偿数额。

第三，完善知识产权权利重叠与冲突制度。不同类型知识产权产生竞合与冲突的原因在于知识产权的客体非物质性，以及不同知识产权在权利产生、保护期限和保护方式方面存在差异，从而出现针对同一创新享有多项知识产权、可以分别以各项知识产权提起民事诉讼的情况，侵权行为人也将对于同一创新构成多个侵权，承担多个侵权责任。这显然有违侵权责任法的立法主旨。另外，由于不同知识产权保护期限不同，会出现某一类型知识产权到期之后，同一项创新还可以由其他类型知识产权继续保护的情况，这将违背权利到期将进入公有领域的本意，无法达到让社会共享创新成果，进一步促进设计创新的目的。因此，有必要进一步完善针对不同主体享有的知识产权存在的权利冲突问题和针对相同主体享有的知识产权存在的权利重叠问题。为解决这一问题，首先，不同知识产权法律分别对同一知识产权客体提供保护的，权利人不得就

---

[1] 张鹏. 专利侵权损害赔偿制度：基本原理与法律适用［M］. 北京：知识产权出版社，2017：1.

同一侵权行为获得多次救济；其次，根据知识产权法律进入公有领域的智力成果，权利人不得再以其他知识产权法律法规为依据，阻止他人对该智力成果的自由使用；最后，权利人享有的知识产权不得与他人在先取得的合法权益相冲突，行使知识产权构成侵犯他人在先取得的合法权利的，应承担侵权责任。

第四，完善重大经济活动知识产权分析评议制度。知识产权分析评议制度可以从四个维度理解：从目的角度而言，知识产权评议的目的是为政府决策和企业参与市场竞争提供咨询参考，避免经济科技活动因知识产权导致重大损失；从内涵角度而言，以知识产权竞争情报分析为基础，结合产业发展、市场竞争、政治环境等因素进行综合研究和研判，对经济科技活动的实施可行性、潜在风险、活动价值等进行一揽子评估、核查与论证，并提出合理化对策建议；从外延角度而言，知识产权评议一般分为面向政府的服务和面向企业的服务，在我国还有直接服务于政府决策与项目管理的特殊内涵；从应用角度而言，知识产权分析评议可直接嵌入科技创新活动、技术贸易活动、技术产业化活动、投融资活动和战略与政策管理中。❶建议知识产权基本法部署实施重大经济活动知识产权评议制度，针对重大产业规划、政府重大投资活动实施知识产权评议，发布重点领域评议报告。引导企业自主开展知识产权评议工作，规避知识产权风险。

第五，完善知识产权协同运用制度。向全社会及时免费公开知识产权申请、授权、执法、司法判决等信息。国家鼓励各地区、各有关行业建设符合自身需要的知识产权信息库，支持全社会在研发规划、管理、评估等整个过程中对相关信息进行应用。培育和发展市场化的知识产权信息服务，引导社会资金投资知识产权信息化建设。还有，完善企业主导、多方参与的专利协同运用体系，提升企业知识产权运用能力，形成资源集聚、流转活跃的专利交易市场体系。国家建立专利导航产业发展工作机制，开展专利布局，在关键技术领域形成专利组合，构建支撑产业发展和提升企业竞争力的专利储备。国家推动专利联盟建设，加强专利协同运用，建立具有产业特色的全国专利运营与产业化服务平台。

第六，探索知识产权长臂管辖制度。长臂管辖制度是美国诉讼法上的一个概念，源起于 1945 年国际鞋业诉华盛顿案（International Shoe

---

❶ 孟海燕. 知识产权分析评议基本问题研究 [J]. 中国科学院院刊，2013，28 (4)：427-434.

Co. v. Washington)[1]。该案中，美国联邦最高法院明确，非居民被告只要与法院地之间存在最低联系，美国法院即可对其行使对人管辖权，放松了属地原则对美国法院对人管辖权的限制。因而，授权美国法院行使对非居民被告对人管辖权的法案，实际上扩张了美国法院对人管辖权的范围，从效果上看就是伸长了法院的管辖手臂。故而，此种法案被形象地称为长臂法案。[2] 美国联邦最高法院在 2014 年 Daimler Ag v. Bauman 案件中，进一步明确了长臂管辖标准，限制了对非居民法人被告行使一般管辖权的条件，进一步体现联系原则正当性基础的必然要求。[3] 美国学者对于联系原则正当性基础的主流见解是法院调整被告行为上的利益。[4] 可见，一个国家对涉外民商事案件管辖权的确定，取决于它所采用的管辖根据，这里的“根据”是指涉外民商事案件法律关系的主体，或者法律关系的客体，或者法律关系的事实同法院地国家存在某种联系。[5] 长臂管辖制度对知识产权纠纷案件尤其是网络知识产权纠纷案件具有重要意义。我国对涉外知识产权纠纷案件管辖严格遵循地域性管辖原则，导致我国法院在管辖权行使问题上缺乏弹性应对能力，在实践中日益显示出弊端。[6] 为了增强我国在国际竞争中的知识产权竞争力，建议适度扩张对涉外知识产权案件的管辖权。建议根据最低联系准则，一方面，明确对发生在我国法域内的知识产权侵权行为，我国法院具有管辖权；另一方面，部署对发生在我国法域外的知识产权侵权行为，可预见地会实质性影响到我国民事主体利益，我国法院即具有一定的管辖权。

综上所述，建议知识产权基本法以“归属清晰、权责明确、保护严格、流转顺畅”的知识产权保护法律框架为主线，进行制度设计，建构制度体系，将知识产权基本法设计成为严格保护知识产权的实现法、有效激励创新发展的促进法、发展中国家知识产权制度的示范法，为未来知识产权法典制定奠定基础。

---

[1] International Shoe Co. v. Washington，326 U. S. 310 (1945).

[2] 张丝路. 长臂管辖效果辨正及对我国的启示 [J]. 甘肃社会科学，2017 (5)：184-190.

[3] Daimler Ag v. Bauman，134 S. Ct. 746 (2014).

[4] Cox S E. The Missing “Why” of General Jurisdiction [J]. University of Pittsburgh Law Review，2014-2015 (76)：199.

[5] 林欣. 论国际私法中管辖权问题的新发展 [J]. 法学研究，1993 (4)：75-84.

[6] 刘义军. 完善我国知识产权侵权诉讼域外管辖权的若干思考 [J]. 科技与法律，2016 (4)：662-889.

新业态创新成果知识产权保护的路径优化

许怀远[❶] 沈晓东[❷] 刘 芳[❸]

摘 要

基于大数据、云计算、人工智能等技术而快速发展的新业态创新成果呈现出了产品发展迅猛、应用场景丰富、底层技术相似等特点，现有专利制度和知识产权制度在保护新业态创新成果时表现出了一定的不适应性。从专利审查周期、专利审查标准、专利保护客体等方面优化专利制度，或者从新业态创新成果的普遍特征出发构建一种全新的知识产权保护方式，是加强新业态创新成果知识产权保护的可选路径。

关键词

新业态 新模式 新领域 创新成果 知识产权 专利 制度创新

---

❶ 作者单位：北京市华意律师事务所。

❷ 作者单位：国家知识产权局专利局审查业务管理部。

❸ 作者单位：北京同立钧成知识产权代理有限公司。

2018年3月5日，李克强总理在第十三届全国人民代表大会第一次会议上所作的《政府工作报告》5次提及新业态和新模式，强调运用新技术、新业态、新模式大力改造提升传统产业。随着人工智能、大数据、物联网等技术的迅速发展，由线上线下融合所带来的新经济、新业态、新领域已然成为产业界高度关注的话题。以共享经济和新零售为代表的新业态、新模式深刻地影响和改变了人们的生产生活方式。大数据、云计算、人工智能等技术发展带来的技术创新和模式创新迸发闪现，如何利用知识产权制度保障新业态、新领域内的有序竞争是值得研究的课题。2015年12月，国务院发布《关于新形势下加快知识产权强国建设的若干意见》(国发〔2015〕71号)，明确要求："加强新业态新领域创新成果的知识产权保护。研究完善商业模式知识产权保护制度。加强互联网、电子商务、大数据等领域的知识产权保护规则研究，推动完善相关法律法规。"

一、新业态创新成果的典型特征

新业态是指依托信息及互联网技术，并基于不同产业间的分化组合、行业间的跨界整合，协调企业内部价值链和外部产业链的融合发展而形成的新型企业、商业乃至产业的组织形态。[1] 新业态所依靠的信息技术主要包括云计算、大数据、物联网、人工智能等。新业态之所以在中国绚烂绽放，从直接原因看，中国有广阔市场，有巨大人口规模，当新技术与创新应用、商业模式结合后，丰沃的市场土壤为新业态提供了适宜的成长环境，使其在应用层面迅速铺开。从深层原因看，近年来我国创新发展持续加力、创业热情不断激发。[2] 一是我国经济发展进入新常态，供给和需求之间存在结构扭曲的现象，发展新业态是匹配供给结构和需求结构的实际要求；[3] 二是我国庞大的移动互联网用户和市场规模拥有大量

[1] 维基百科. 新业态［EB/OL］.［2018-06-14］. http：//wiki.mbalib.com/wiki/%E6%96%B0%E4%B8%9A%E6%80%81.

[2] 许志峰. 新业态添彩经济新常态［N］. 人民日报，2017-09-27（09）.

[3] 张磊，刘长庚. 供给侧结构改革背景下服务业新业态与消费升级［J］. 经济学家，2017（11）：37-46.

用户行为数据，为新业态发展提供了先决条件。[1]

以新零售产业为例，近两年腾讯、阿里巴巴、京东等知名互联网企业纷纷布局新零售领域，零售领域新业态已经初具形态。[2] 2016 年 11 月 11 日，国务院办公厅发布《关于推动实体零售创新转型的意见》，指出“引导实体零售企业逐步提高信息化水平，将线下物流、服务、体验等优势与线上商流、资金流、信息流融合，拓展智能化、网络化的全渠道布局”。2018 年初，京东旗下的线下融合食品生鲜超市 7FRESH 正式营业，智能跟随购物车、智能悬挂链输送线、商品来源追溯系统等一批高新技术产品亮相展示。同时，随着线上线下信息流、商品流的深度整合，7FRESH 超市实现 4 天以下的库存周转天数，仅为传统零售企业的 1/8。新业态的蓬勃发展离不开技术创新和模式创新，新业态的创新过程和创新成果呈现出相同的典型特征。

（一）技术手段高度相似

新业态创新成果的萌芽和落地都需要利用信息技术手段来实现，包括计算机技术、网络技术、通信技术等。近年来随着移动智能终端的兴起，移动应用的爆发式增长还带来了大数据技术的广泛应用。各类结构化和非结构化数据每天都在移动终端间产生和传递。为了更好地利用数据分析的结果进行行为预测，机器学习、深度学习等人工智能技术随即发力。从 ICT 技术的发展来看，硬件技术的改进和发展方向和趋势已经进入固定通道，硬件技术的发展对人们的日常工作和生活并没有带来明显的影响，在智能设备领域，硬件也趋向于白牌化。近些年随着软件技术的不断推广和发展，软件开发和设计也正在走向通用化甚至模块化的阶段；随着云服务的发展和开源运动的兴起，软件开发技术也正在成为普遍的支撑性技术。大数据的算法和人工智能的理论目前都已经处于阶段性的成熟状态。在这样的背景下，商业模式的创新、验证和完善成为创新的热点，而硬件设备、软件开发、数据挖掘和分析、人工智能模型都是用于支撑商业模式创新的后台技术，虽然系统构架在海量数据运算时能够起到至关重要的作用，但是实现商业模式的技术都已经是成熟的

---

[1] 林诗慧，陈皓欣．人工智能催生零售新业态智慧商业模式成商业蓝海［J］．流通经济，2018（2）：4．

[2] 搜狐网．2017 年何以被称为新零售元年［EB/OL］．（2017-09-27）［2018-06-14］．https：//www.sohu.com/a/195034017_816027．

技术，算法、语言、理论和方法论虽然选择不同，但殊途同归，往往同样的模式创新，其背后的技术实现最终只是某种程序语言或者同样功能的不同算法选择之间略有不同。

（二）用户体验极端重要

新业态创新成果能否取得商业上的成功，关键是看能否迅速获得市场的认可，基于互联网或移动互联网的商业模式创新更是如此。新业态创新成果从构思开始，就以解决用户“痛点”、满足用户体验作为出发点进行设计。“打车难”催生了网约车服务的快速发展壮大，“最后一公里”催生了快递柜和共享单车等产品和服务升级。与传统产业创新特点不同的是，传统产业中满足用户的新需求一般是通过技术革新和升级来实现的，提供更优的产品和服务常常伴随成本高企；新业态创新成果是采用互联网数据发现新需求并融合经济规律和技术手段形成新的解决方案，在不显著提升运营成本的前提下，满足用户需求。以网约车为例，通过采集用户出行习惯和网约车运行轨迹数据，网约车平台通过新技术优化车辆和乘客之间的匹配推送关系，确保网约车在尽量少的空驶情况下满足不同地区乘客的出行需求，提升了网约车的运行效率，缩短了乘客的等待时间，获得了良好的用户体验，也取得了商业上的巨大成功。另一方面，新业态创新成果对前期成本并不敏感，通过免费模式甚至补贴模式来提高用户体验、形成用户习惯已经是一些商家习惯采用的营销手段。利用移动互联网的传播速度快、用户体量大的特点，在前期依靠用户体验获得流量后再通过其他手段实现变现已经成为新业态的规律。

（三）迭代速度逐渐加快

由于资金、技术和模式等条件的约束，集中有限的资源来实现单点突破是初创企业的必经之路，新业态初创企业的早期产品或者服务功能往往较为单一。在随后的市场推广中，吸纳融资、提高估值、再融资，商业模式的不断验证、调整和完善，产品的功能开始逐渐完善，软件的操作便利性、人性化、反应速度、整体美观设计等因素逐渐进入成熟完善的阶段。为了获得更大的流量，形成更强的用户黏性，企业通过调研和用户反馈以及大数据分析应用形成用户画像等手段，主动完善版本，比如 MIUI 的版本根据米粉的参与进行各项功能设计完善，不断推陈出新，才能保持产品的活性，形成粉丝效应。

（四）细分领域差别显著

新业态创新成果一般从某一细分领域垂直插入，并坚持不懈地进行深耕。在商业模式的设计方面，中国的互联网创新经过几年的发展爆发期，遵循着几个基本原则，比如免费模式、长尾效应、共享经济。在这些原则的指导下，如何将互联网思维运用到垂直领域中并不断发酵是创新者需要不断思考和验证的命题。同为电子商务领域，阿里巴巴、京东和拼多多的商业模式有着相同相似的共性，但深层次的差异性和后台的实现手段却大相径庭。以物流来说，京东很早就坚持自建物流，阿里巴巴的菜鸟物流通过构建平台，整合各大快递公司。相同领域相同的业务，其商业模式尚且存在很大的差异，遑论不同领域之间的商业模式了。总结原因在于，互联网行业的竞争异常激烈，由于商业模式的创新没有有效的保护方式，好的商业模式又是在不断地推广过程中进行调整和完善的，不能以商业秘密的方式隐藏。竞争对手的抄袭、用户需求市场发展的不断变化等因素导致了商业模式的不断变化，相同领域内、不同领域之间的模式差异明显。而在细节决定成败的今天，新商业模式的每一个细节都需要仔细打磨，只有模式的执行紧密配合，才能不断立于不败之地。

二、现有知识产权制度难以满足新业态创新成果保护的实际需求

在我国现行知识产权法律框架下，新业态的创新主体可以寻求专利权、著作权、商业秘密等知识产权制度来保护其创新成果，但是都存在一定的不足。

（一）专利审查周期、审查标准和侵权举证责任方面的限制

一是新业态创新创业活动节奏较快与专利审查周期较长存在一定的矛盾。发明专利审查周期长，一般需要 2～3 年时间，而新业态创新成果的萌芽、发展、壮大、成熟往往在 2 年内已经尘埃落定。以摩拜单车为例，自 2016 年 5 月摩拜单车在上海投入运营，市场已经走过了野蛮生长阶段，逐渐走向有序和规范竞争。然而，检索结果显示北京摩拜科技有限公司最早的授权发明专利的授权时间为 2017 年 12 月 15 日，显然发明专利的垄断作用在市场竞争中没有发挥出来。

二是我国新业态中基于应用场景的创新成果集聚化与专利审查中对底层技术手段创新的要求存在一定的矛盾。以人工智能中的深度学习技术为例，在人工智能技术的七层结构中（参见表1），中国创新主体申请的应用型专利占据很高的比例，目前深度学习相关国内专利中涉及神经网络、深度学习模型和框架的专利方案占比低，大多是探索采用深度学习算法解决和提高如医疗诊断、图像识别与搜索、人脸识别、道路交通等领域和行业中的应用型专利为主；相反，IBM、微软、谷歌等国外科技巨头企业在人工智能领域起步早，在人工智能技术的基础层和技术层布局了较多基础性专利。[1] 在专利申请的创造性评价中，如何评估根据不同应用场景综合采用一些现有技术手段解决其技术问题而形成的技术方案的创造性是需要研究解决的问题。2017 年 4 月 1 日修改并施行的《专利审查指南 2010》中增加了“涉及商业模式的权利要求，如果既包含商业规则和方法的内容，又包含技术特征，则不应当依据专利法第二十五条排除其获得专利权的可能性”这一规定，实际上这要求在专利审查中把商业规则和方法的特征等同于技术特征来判定技术方案的创造性。采用新技术手段对传统行业深度整合或者颠覆而形成的新业态的创新成果成功与否常依赖于商业规则和方法特征带来的经济效果和社会效果。经济效果和社会效果能否像技术特征带来的技术效果一样在创造性评价中给予考量，仍需要在实务操作中进一步观察。[2]

表 1　人工智能技术的层级结构

<table>
<tr><td rowspan="7">人工智能</td><td rowspan="2">应用层</td><td>解决方案层</td><td>例如百度写诗</td></tr>
<tr><td>应用平台层</td><td>例如百度 Apollo 平台</td></tr>
<tr><td rowspan="3">技术层</td><td>通用技术层</td><td>例如 NLP 自然语言处理技术</td></tr>
<tr><td>算法层</td><td>例如贝叶斯分类、聚类分析等</td></tr>
<tr><td>框架层</td><td>例如百度 Paddle Paddle 平台</td></tr>
<tr><td rowspan="2">基础层</td><td>数据层</td><td>例如用户行为数据</td></tr>
<tr><td>硬件层</td><td>例如 GPU、FPGA、算法芯片</td></tr>
</table>

三是新业态平台化及多方主体参与的特点与专利侵权责任归责原则

[1] 李国红，李文宇．人工智能专利初探及知识产权建议［J］．电信网技术，2018（1）：12-16.

[2] 许怀远．完善商业模式保护任重道远［N］．中国知识产权报，2017-06-28.

之间存在一定的矛盾。在专利侵权诉讼中，专利权人承担证明侵犯专利权行为存在的举证责任，要求专利权人提供侵权设备的描述，这对迅猛发展的新业态新技术来说十分具有挑战性。一方面，证明侵权行为存在且成立的技术手段提出了更高的要求。AI 专利的某些技术特征可能与产品相分离，或者仅具有暂时属性，依靠传统的技术分析手段难以发现并识别 AI 设备侵权特征。专利权人需要采取更积极的方式调查和保全证据，在某些情况下还需要申请人民法院责令被控侵权人或者其他案外人提交捕获、存储、收集和生成可能不在正常数据业务流程内产生的数据。另一方面，新业态创新成果多方参与的特点对共同侵权、间接侵权的认定提出了新的要求。例如由一方主体提供结构化数据，另一方主体开发模型并采用该结构化数据训练模型，最终由第三方基于训练好的模型应用到特定场景并提供解决方案，在此情形下多方主体有意思联络或者无意思联络而共同实施了同一个侵犯专利权行为，如何分配专利侵权的法律责任，值得研究并关注。目前，《侵权责任法》《最高人民法院关于审理侵犯专利权纠纷案件应用法律若干问题的解释（二）》《北京市高级人民法院专利侵权判定指南（2017）》等规定的间接侵权行为认定和归责方式尚不足以应对人工智能领域多方主体完成侵权行为的现象。

（二）软件开源化和软件开发便利化导致著作权方面的限制

将开源软件、开源平台作为新业态创新的底层技术是部分初创团队的首选，布局新业态底层技术的厂商也乐于共享其各类平台。在人工智能技术的框架层，大部分厂商均选择共享其框架，从最初的 Caffe、Theano，到现在的 Facebook 使用的 Torch 以及 Google 使用的 TensorFlow，以及百度的 Paddle Paddle 平台都选择了开源共享。首先，开源共享可以使得各个框架平台的用户基数进一步扩大；其次，由于框架在实际应用中不可避免地会遇上各类问题，其开源社区的注册用户能够帮助试错、反馈，有利于框架的快速发展。百度 Paddle Paddle 平台就是一个开源的软件，百度公司以外的工程师、研究人员都可以在该平台上开展人工智能相关应用研究工作。软件开源化和软件开发便利化在一定程度上限制了软件著作权的应用。近年来，开源软件发展势头越发猛烈，相关开源许可协议对软件专利态度大相径庭。例如，MPL 许可证不像 GPL 许可证那样明确表示反对软件专利，但是却明确要求源代码的提供者不能提供已经受专利保护的源代码（除非他本人是专利权人，并书面向公众免费许可这些源代码），也不能在将这些源代码以开放源代码许可证形式许可后再去申请与这些源代码有关的专利。处理好开源软件许可协议和软件专利权之间的关系，也是亟须研究并解决的课题。

（三）新业态创新成果也难以得到商业秘密的保护

利用新技术手段整合传统产业形成的各种新模式也可以采取保密手段将其固化为商业秘密，得到反不正当竞争法的保护。《反不正当竞争法》第10条明确规定：商业秘密，是指不为公众所知悉、能为权利人带来经济利益、具有实用性并经权利人采取保密措施的技术信息和经营信息。新商业模式在未公开之前符合商业秘密的构成要件，能够受到《反不正当竞争法》的保护。商业秘密的保护与专利等其他知识产权保护制度不同，没有权利存续期间的限制，但是将新模式作为商业秘密保护也存在很大风险。一旦商业秘密不慎被他人窃取或公开，商业秘密将不复存在，即使进行诉讼维权也仅能向非法公开技术秘密者索要赔偿。对于企业来说这种损失是难以弥补的，因此企业需要付出大量资金成本保持其秘密性，这对企业来说也是较为沉重的负担。

三、从创新驱动发展看新业态创新成果的知识产权保护

按照传统的观点，知识产权保护一定会促进创新成果的涌现，并进而驱动经济社会不断向前发展进步。我国《专利法》第1条就开宗明义地指出，专利保护可以“鼓励发明创造，推动发明创造的应用，提高创新能力，促进科学技术进度和经济社会发展。”然而，具体到新业态的创新成果，仍需要辩证地分析这个问题。在新业态创新成果的萌芽期、成长期、成熟期等不同阶段，需要不同的知识产权保护制度和政策。

（一）萌芽期过强的知识产权保护将会阻碍创新驱动

新业态创新成果萌芽和成长需要多方面的环境支撑，如监管政策支撑、金融资金支撑、管理方式支撑、用户流量支撑等，其中最为重要的是用户流量支撑。“流量为王”早已是移动互联网产业发展中业界的基本遵循。在新业态创新成果萌芽期，用户并不熟悉新业态创新成果的功能和作用，不少创新者自己搭建的平台导流能力不足，难以将新业态创新

成果迅速推向市场让消费者接受。实际上，在滴滴出行、摩拜单车等互联网新业态发展的初期，资本、平台等各路英雄粉墨登场为新业态迅速发展贡献了积极力量。如果在新业态创新成果萌芽期就给予强有力的知识产权保护，其他竞争对手不能进入该领域，难以吸引资本和平台的力量介入，反而导致“酒香也怕巷子深”的不利局面。在新业态创新成果的萌芽期给予绝对垄断的知识产权，将阻碍竞争对手进入，不能将“蛋糕做大”，一定程度上会阻碍创新驱动发展。

（二）成长期缺席的知识产权保护将会浪费巨大的社会资源

在新业态创新成果的成长期，如果遭遇竞争对手大规模涌入，势必造成市场的恶性竞争，导致大家野蛮生长、无利可图，扰乱市场竞争秩序。如果相关主体拥有适当的知识产权，并且在新业态创新成果的成长期勇于维护自己的合法权益，能够为其他竞争对手造成进入壁垒，为新业态创新成果提供理想的生存空间和生长环境。以共享单车为例，一方面，共享单车企业未能及时持有新业态、新模式相关的知识产权，没有垄断权利，不能获取先发优势。摩拜和 ofo 在推出共享单车之后，由于缺乏知识产权的规制，共享单车市场随即进入无序竞争状态。据不完全统计，在 2017 年初，市场上同时存在“小蓝车”“小红车”等几十家共享单车运营企业，对市场竞争秩序造成了极大损害，对社会资源造成了过度浪费。另一方面，共享单车的底层技术存在一些授权专利的限制，摩拜单车、永安行等在企业发展过程中付出了极大的人力物力成本来处置知识产权纠纷事宜。公开裁判文书显示，摩拜单车近两年来至少遭遇了来自吟云科技、有格科技等专利权人的专利诉讼挑战。

（三）成熟期恰当的知识产权保护能够促进新业态的进一步发展变化

当市场竞争逐渐尘埃落定，市场竞争的格局已经形成，市场竞争的局面靠消费者的理性选择而维持稳定，知识产权保护的作用将逐渐被弱化。随着新的用户痛点被发现，将会有更多的微创新提出，适当给予知识产权保护，有利于持续提升产品和服务的质量，能够促进新业态的进一步发展变化。值得注意的是，不同新业态创新成果之间的区分度，有时候难以评判。业界称为“微创新”的创新成果将会不断涌现，如果都给予知识产权保护，将会给市场经营主体带来较多的诉累。以摩拜单车为例，2017 年 12 月至 2018 年 5 月的半年间，国家知识产权局作出了 5

份以“北京摩拜科技有限公司”作为无效宣告请求人的无效宣告请求审查决定，涉及4件专利，摩拜公司为了应对专利侵权纠纷所花费的人力和物力投入可见一斑。

四、新业态创新成果知识产权保护的建议方案

习近平主席在APEC峰会的主题演讲中指出：“新一轮科技和产业革命形成势头，数字经济、共享经济加速发展，新产业、新模式、新业态层出不穷，新的增长动能不断积聚。”我国已经走在数字经济发展的前列，需要因时制宜制定有效的政策和方案[1]，为引领全球新业态新模式创新发展提出中国方案，贡献中国智慧。新业态创新成果知识产权保护制度和政策的调整和创新是其中重要的内容。

（一）适当调整专利授权侵权的判断标准，提升专利制度的竞争力

针对专利审查周期较长，不能适应新业态迅猛发展态势的问题，可以鼓励新业态创新主体按照《专利优先审查管理办法》的规定对新业态相关发明专利申请请求优先审查，同时考虑扩展实用新型专利制度对保护客体的限制。《专利优先审查管理办法》明确规定了涉及互联网、大数据、云计算等领域且技术或者产品更新速度快的创新成果，可以申请优先审查，可以引导创新主体灵活运用专利审查程序及时获取专利权保护。我国《专利法》第2条第3款规定的实用新型保护客体是“对产品的形状、构造或者其结合所提出的适于实用的新的技术方案”。新业态创新成果较多表现为针对具体应用场景采用人工智能、大数据、物联网等技术手段提出的技术方案，常常以软件或者系统作为技术方案的载体，不符合实用新型专利保护客体的要求。实用新型专利的权利要求中是否保护方法步骤的技术特征，也是实用新型专利审查的重要方面。业界一直有呼声要求放宽实用新型专利制度对保护客体的要求，将其保护客体扩展到方法或者材料本身的改进上。[2] 芬兰等部分国家已经扩展了实用新型专利对保护客体的限制，将化合物、食品以及含有计算机程序的技术方案

---

[1] 杨东，任俊强．数字经济发展的中国方案［J］．信息安全与通信保密，2017（7）：13-15.

[2] 冷玉姗，李紫峰．对实用新型专利制度的几点思考［J］．金融与经济，2013（8）.

纳入实用新型专利的保护范围之中。[1] 在现阶段我国实用新型申请量庞大的背景下，放开实用新型专利对方法权利要求的保护既不现实也不务实。为了尽量精准地保护新业态创新成果，可以考虑将软件作为机构的组成部分来看待，而不是类比为方法特征。这种措施一方面不需要修改《专利法》，只需要修改审查指南，可操作性强；另一方面，《专利审查指南2010》第二部分第九章“关于涉及计算机程序的发明专利申请审查的若干规定”的修改已经朝着将软件和硬件等同地位看待的方向迈进，国际上也有很多国家将软件看成一种产品，因此将软件作为组成部分也有理论依据和可借鉴经验。

针对创造性审查标准难以掌握的问题，可以考虑发布新业态新领域相关专利审查案例，引导创新主体贡献力量厘清创造性审查中应当考量的因素。实际上，全球各地的专利局都在审视自己是否已经为第四次工业革命相关的快速发展技术准备好授予专利权的健全机制。欧洲专利局（EPO）于 2017 年底发布的《Patent and the Fourth Industrial Revolution》研究报告指出，在过去的几十年里，EPO 已经制定了完善的涉及计算机程序的发明的专利申请程序和处理日益增多的第四次工业革命相关技术的专利申请的相关政策。例如，EPO 每年都对审查指南里涉及计算机程序的发明相关内容进行改善，以提供一种协调一致的专利申请程序。专门从事信息与通信技术（ICT）的委员会也作为一个协调机构确保所有的内部利益相关者了解第四次工业革命相关技术问题并促进其发展。EPO 成立三人审查小组，每一个申请都由一个审查小组来处理，其有足够的专业技术来解决与传统领域相结合的第四次工业革命相关技术创新。[2] 建议中国专利审查部门从引领新业态新领域创新成果的蓬勃发展的角度，一方面进一步对涉及计算机程序的审查规则进行修改，将计算机程序作为产品来对待，在确权、维权等环节给予计算机程序产品地位；另一方面重新审视发明专利创造性判断规则，考虑非技术特征和技术特征之间的关联性，避免机械地割裂技术方案的整体性，并引入非技术特征的技术贡献判断，对非技术特征对技术特征或整体技术方案的影响带

---

[1] 冯媛媛. 关于实用新型制度的发展趋势各国专家怎么说 [EB/OL]. [2017-11-22]. http://www.sohu.com/a/205956013_100019625.

[2] 中国知识产权保护网. 欧洲专利局在工业 4.0 中的作用 [EB/OL]. (2017-12-29) [2018-06-20]. http://www.ipr.gov.cn/article/gjxw/zfxd/ozzfxd/201712/1915397.html.

来的技术效果方面进行统筹考虑，在辅助判断方面适当考虑将具体的应用场景、经济效益、社会效益、用户体验等考量因素纳入创造性审查的范围。

针对共同侵权、间接侵权以及举证责任分配方面，建议在我国专利法修改进程中，充分考虑新业态新领域多方主体共同参与、证据由被控侵权人或者其他第三方实际控制的现实情况，合理分配权利人的举证责任，努力形成权利人乐于维权的良好局面。

（二）适应新业态创新发展的实际需求，探讨构建新的知识产权保护制度

当今世界，国与国之间的竞争已经表现为制度竞争，知识产权制度竞争是其中最为重要的一项内容。完善知识产权保护制度、营造良好营商环境也是当前各国吸引投资的重要手段。为减少境外投资者的顾虑，我国知识产权制度创新还须再提速。[1] 相关专家学者响应《国务院关于新形势下加快知识产权强国建设的若干意见》的要求，加强知识产权保护制度创新方面的研究，呼吁将数据库、商业模式、大数据、人工智能等创新成果全面纳入知识产权保护范围内，并建议坚持反不正当竞争法作为知识产权一般法的定位，通过反不正当竞争法全面保护新业态新领域的创新成果。[2] 在新业态创新成果知识产权保护方面，有呼声要求创新知识产权保护制度，为新业态创新成果"量身定制"知识产权保护规则。如果赋予新业态创新成果一种全新的知识产权，那么权利客体、权利内容、权利获得方式和权利救济途径是重要内容。从新业态创新成果的典型特征出发，对权利客体、权利内容、权利获得方式和权利救济途径提出如下建议。

新业态创新成果的客体是采用互联网、物联网、大数据、云计算、人工智能等技术手段，革新商业活动或者商业交易中各主体的行为模式，形成新的人类社群活动组织方式或者个人生活程式，整合资源和要素进行商业活动或者商业交易的全过程。新业态创新成果知识产权的内容应当与其他知识产权相同，既包括人身性权利，也包括财产性权利。署名

---

[1] 中国经济网. 加快知识产权制度创新势在必行［EB/OL］.（2017-07-26）［2018-06-20］. http：//www. ce. cn/culture/gd/201707/26/t20170726_24454453. shtml.

[2] 管荣齐. 新形态创新成果知识产权保护探析［J］. 科技与法律，2017（6）：1-11.

权、收益权和禁止权等都应当是权利内容。

新业态创新成果的知识产权规则中权利获得方式建议采取“先行登记获权、行权实质审查”的办法。一方面新业态创新成果发展迅速，创新主体期望尽早获得权利；另一方面知识产权的审查授权需要大量社会资源的投入，对于数量众多的新业态创新成果，如果全部采取实质审查制度，从及时性和审查成本的角度均难以符合创新主体和社会公众的预期。实际上，很多新业态创新成果或许由于商业模式的天然缺陷将会在投入市场后自然消亡，例如上门洗车服务在红火了一段时间之后，终因商业模式的天然缺陷未被消费者接受而失败。因此，对于部分新业态创新成果的知识产权申请无须进行实质审查，而如果该新业态创新成果经过初步验证已经获得消费者认可，此时依据创新主体或者社会公众的请求进行实质审查，有利于节省社会成本。

在权利救济方式方面，建议坚持行政程序和司法程序两条途径的保护制度，充分发挥行政程序和司法程序的各自优势，赋予权利人和社会公众以多种途径的选择权。在权利有效性方面，建议规定当事人在侵权纠纷程序中同时解决新业态创新成果知识产权有效性的问题，以利于节省当事人的诉累并及时定纷止争。

五、结　语

知识产权制度创新与新业态、新领域的创新成果发展节奏匹配才能确保我国相关领域创新创业活动持续健康长远发展。在现行知识产权法律框架下，坚持反不正当竞争法的知识产权一般法的基本定位，引导相关创新主体和市场竞争者遵循诚实信用原则，由人民法院在不正当竞争纠纷诉讼中明确新业态、新领域创新成果保护的规则难以提供明确的法律指引。从专利审查周期、专利审查标准、专利保护客体等方面优化专利制度以适应新业态、新领域创新成果的实际需求是一种解决路径。充分梳理新业态、新领域创新成果的特点，构建适宜于新业态、新领域实际需求的全新知识产权保护制度或许是一种更优的途径。

再议专利权利要求保护范围的确定

——以材料领域典型案例为视角

温丽萍[1]

摘　要

根据《专利法》第59条第1款的规定，权利要求保护范围的确定主要涉及两方面的内容，其一是以权利要求的内容为准，其二是用说明书及附图进行解释。以上两方面内容的具体应用决定一项权利要求的保护范围是否精准，从而进一步决定是否能实现专利法鼓励发明创造、提高创新能力、促进科技进步的目的。本文结合笔者参与或积累的12个材料领域典型案例，再议专利权利要求保护范围的确定，提出任何情形下都不能脱离说明书对权利要求进行理解或解释的观点，并重点阐述如何使用说明书及附图对权利要求进行理解或解释。

关键词

保护范围　权利要求　说明书　说明书附图　具体实施例

---

[1] 作者单位：国家知识产权局专利复审委员会。

引　言

《专利法》第 59 条第 1 款规定：发明或者实用新型专利权的保护范围以其权利要求的内容为准，说明书及附图可以用于解释权利要求的内容。因此，权利要求保护范围的确定主要涉及两方面内容，其一是以权利要求的内容为准，其二是用说明书及附图进行解释。以上两方面内容的具体应用决定一项权利要求的保护范围是否精准，从而进一步决定是否能够很好地保护一项发明创造。实践中，不能将权利要求绝对孤立看待，而应当以专利权利要求记载的技术内容为准，在不随意扩大或缩小保护范围的前提下，基于本领域技术人员的知识和能力，根据说明书及附图、现有技术、发明对现有技术所作的贡献和发明实际解决的技术问题以及产生的技术效果等因素合理确定专利权的保护范围。本文重点从“以权利要求的内容为准”和“用说明书及附图解释权利要求”两方面结合典型案例加以阐述，试图从案例分析中反思对上述法条包含的两方面内容的理解和把握。

一、以权利要求的内容为准

以权利要求的内容为准是指，一方面权利要求记载的内容是确定专利权利要求保护范围的重要依据，在确定专利权保护范围时，应当以权利要求记载的技术特征为基础；另一方面并不排除用说明书和附图帮助理解权利要求，但不得用于限定权利要求，并且，当权利要求本身含义清楚，说明书亦未对其进行特殊定义时，不能用说明书及实施例内容对其进行限定。综合上述两方面内容，笔者认为，并非只有当权利要求书记载的内容不清楚时，才使用说明书及附图对权利要求进行解释，而是应结合本领域技术人员阅读说明书及附图后对权利要求的理解来确定权利要求的内容。以下通过两个案例具体阐述。

在“一种可伸缩的承载连接装置”案[1]（案例 1）中，涉及对权利要求 1 中的“所述的伸缩杆的下端活动插于支撑管的内孔中”的“活动插

[1] 国家知识产权局专利复审委员会第 15724 号无效宣告请求审查决定。

于”的理解。国家知识产权局专利复审委员会（以下简称“复审委”）认为，根据字面含义，其通常是指相互配合的两个部件之间，一个部件不固定地插入另一个部件中，彼此之间能够相对活动，即存在间隙；并且，根据说明书中的相应记载和专利权人的解释，本领域技术人员能够理解“活动插于”系指在工作状态时两者之间是“间隙配合”。一审判决[1]和二审判决[2]提出不同观点，认为“活动插于”字面含义本身清楚且明确，就是指一个部件插入另一个部件中，且两者能够相对运动，而非复审委根据说明书和专利权人的解释将其认定的“间隙配合”。

一审判决和二审判决的观点并没有排除利用说明书内容对权利要求进行理解，指出说明书可以用于帮助理解权利要求，但是不能用于限定权利要求，特别是不能用说明书实施例记载的内容加以限制。笔者经分析发现，复审委根据本领域技术人员对于“活动插于”的理解将其认定为“通常是指相互配合的两个部件之间，一个部件不固定地插入另一个部件中，彼此之间能够相对活动”是正确的，但是，由于受专利权人解释的影响以及根据说明书中实施例的记载将“活动插于”进一步解释为“间隙配合”，这似乎是两审法院不认可的原因。也就是说，两审法院对其后半部分的解释并不认可，相反认为复审委将其进一步解释成“间隙配合”是将说明书实施例的限制读入了权利要求。

诚然，对权利要求保护范围的理解离不开说明书的内容，但是要避免将说明书实施例的内容读入权利要求。该案出现的类似情形是实践中常见的一种情形，也是导致出现不同观点的根源。对于权利要求保护范围的确定，应当根据权利要求的记载，结合本领域普通技术人员阅读说明书及附图后对权利要求的理解，确定权利要求的内容。说明书及附图虽然可以用于帮助理解权利要求，但是要做到有据可依，即说明书中应有相应记载或者包含对本领域技术人员来说隐含的且可以直接地、毫无疑义地确定的内容。

材料领域另外一种常见案例情形是，当权利要求中某技术术语本身描述虽然清楚，但是对本领域技术人员来说并不能确定其具体的连接方式或者具体结构时，可以用说明书及附图中有关该技术术语的定义或者

[1] 判决号为（2011）一中知行初字第1274号。

[2] 判决号为（2011）高行终字第1601号。

描述为依据，对权利要求进行理解或解释。使用说明书对权利要求进行理解时，说明书中的指明方式应当是明确的，即本领域技术人员足以判断出申请文件或者专利文件的撰写者具有明显的赋予其特定含义的意图，也就是说，申请人的意思表示非常明确。

在“一种高强经编土工格栅”案❶（案例 2）中，涉及对权利要求 4 中的“反面为垂直捆绑”术语的理解。复审委认为，虽然反面为垂直捆绑的表述是清楚的，但在不能清楚限定经带与纬带哪个与哪个垂直时，可以结合说明书记载的内容和附图帮助理解，从说明书记载的内容可以确定，“反面为垂直捆绑”是指编链线与纬带垂直。一审判决❷和二审判决❸均支持了复审委观点。

综合上述两个案例，其所采用的技术术语本身均是清楚的，案例 2 中两审法院与复审委关于“垂直捆绑”的认定是一致的，但案例 1 由于操作上的细微变化导致审查结论的截然不同，在将“活动插于”认定为相互配合的两个部件之间存在间隙时，复审委与两审法院之间是一致的，但复审委进一步将其认定为“间隙配合”的做法导致了与两审法院不同的结果。

虽然我们强调以权利要求的内容为准，但是通过上述两个案例不难看出，对“以权利要求的内容为准”这一基本和普适原则的理解和适用依然存在大相径庭的结果。其原因在于，在权利要求包含的技术术语本身含义清楚的情形下，用说明书及附图进行理解或解释的把握时出现了分歧或者不同操作。因此，笔者认为，关于上述普适原则的理解应做到，第一，权利要求书与说明书并非孤立存在、无任何内在关联，相反地，在任何情形下都不能脱离说明书理解权利要求，因此，即便权利要求本身是清楚的，在理解权利要求时也不能脱离说明书及附图。第二，用说明书及附图理解权利要求时，应当做到如下两点。一是当说明书中指明了该术语具有特定的含义，并且权利要求的保护范围由于说明书中对该术语的说明而被限定得足够清楚，则可以将其理解为说明书中的特定含义。其中，说明书的指明方式应当是明确的，即本领域技术人员足以判断出申请文件或专利文件的撰写者具有明显的赋予其特定含义的意图，

❶ 国家知识产权局专利复审委员会第 15857 号无效宣告请求审查决定。

❷ 判决号为（2011）一中知行初字第 1392 号。

❸ 判决号为（2012）高行终字第 941 号。

也就是说，申请人的真实意思表示非常明确。二是当权利要求中的某一技术特征具有清晰明确的通常含义，而说明书关于该技术特征的描述仅仅是列举性的、具体的实施方式或说明，而没有对该术语作出明确的定义时，则不应结合说明书的技术内容对其作出有别于其通常含义的其他解释。

二、用说明书及附图解释权利要求

前面两个案例表明，说明书及附图的作用并非消极、被动的，而是积极、主动的。很显然，这两个案例展示的内容解决了一个重要问题：在确定权利要求的保护范围时，任何情形下都不能脱离说明书理解权利要求，说明书是用来确定专利权利要求保护范围的最佳指南。但是如何利用说明书来确定权利要求的保护范围则是实践中颇难把握的一个问题。因此，接下来就是要解决如何利用说明书来理解权利要求的问题。

1. 说明书及附图解释的作用

无效程序中常见的一种情形是无效请求人和专利权人对权利要求中的技术术语作出不同理解和解释，此时，说明书是对权利要求进行理解和解释的最佳选择。并且，很多对权利要求内容的争议都是通过说明书的解释而解决的，因此，对权利要求中术语及保护范围的理解应以说明书及附图为依据，这就是说明书解释的重要作用。但需要指出，首先，在用说明书及附图理解或解释权利要求保护的技术方案时，应当以说明书为依据，使其保护范围与说明书公开的范围相适应，不能将仅记载在说明书及附图中而未明确记载在权利要求中的技术内容作为确定权利要求保护的技术方案的技术特征。其次，说明书及附图对权利要求的解释作用在于弥补权利要求表述模糊或存在多义理解的缺陷，从而通过解释确定出唯一或确定的保护范围。虽然有些情况下，本领域技术人员对权利要求中的某个技术术语有多种不同理解，但只有在本领域技术人员根据说明书记载能得出唯一或确定的理解时，才允许将权利要求解释为包含说明书记载的技术方案的理解方式。

例如，在“一种玻镁、竹、木、植物纤维复合板”案❶（案例 3）中，

❶ 国家知识产权局专利复审委员会第 18233 号无效宣告请求审查决定。

由于不能确定其中的“、”表示的是三者并存还是择其一，因此对权利要求书中“竹、木、植物纤维”如何理解存在分歧。复审委认为，对于权利要求以及说明书中某处表述的理解，不应当仅局限于该处表述本身，而应当综合考虑权利要求书和说明书所记载的内容，并从本领域技术人员的角度出发进行理解，因此依据说明书记载的内容认定“竹、木、植物纤维”三者并非必须同时具备，三者具有其中一种即可。该观点得到了一审判决❶和二审判决❷的支持。

又如，在“一种高效节能双层炉排反烧锅炉”案❸（案例 4）中，涉及对权利要求 1 中的“平面波浪型布置”这一技术术语的理解。复审委根据说明书记载的相应内容认定，即使“平面波浪型布置”并非本领域的通用术语，本领域技术人员根据说明书的记载，也能够理解其含义，并通过将上层平面炉排的诸奇数炉条下移而实现“平面波浪型布置”。该观点同样得到了一审判决❹和二审判决❺的支持。

从上述两个案例来看，利用说明书对权利要求进行解释时，均应依据权利要求中术语在技术方案中的作用、功能等进行，使其保护范围与说明书公开的范围和内容相一致，从而有利于得出正确的保护范围。可见，说明书的解释作用在确定权利要求保护范围时起到不可或缺的作用。关于使用说明书和附图来解释权利要求，在欧洲专利局申诉委员会的 CASE LAW 中有相应描述：“欧洲专利公约（EPC）第 84 条❻规定了权利要求的主题，并且 EPC 第 69 条❼规定了权利要求的功能。根据 EPC 第 84 条，权利要求限定请求保护的发明，根据 EPC 第 69 条，权利要求通过它们对发明的限定来确定专利给予的保护范围，说明书和附图用于解释权利要求。出现了以下问题，即能否按照 EPC 第 69 条的规定根据说明

❶ 判决号为（2012）一中知行初字第 2415 号。

❷ 判决号为（2013）高行终字第 655 号。

❸ 国家知识产权局专利复审委员会第 16688 号无效宣告请求审查决定。

❹ 判决号为（2011）一中知行初字第 2731 号。

❺ 判决号为（2012）高行终字第 308 号。

❻ 权利要求书应当确定请求保护的内容。权利要求书应清楚、简明，并以说明书为基础。

❼ 保护范围　（1）根据权利要求书确定欧洲专利或者欧洲专利申请的保护范围；但说明书和附图可用于解释权利要求书。（2）在专利授权前的期限内，欧洲专利申请的保护范围根据所公开的专利申请中的权利要求书确定；但授权或者在异议、限制或授权程序中修改的欧洲专利，如果保护范围没有扩大，应溯及既往确定申请的保护范围。

书和附图来解释权利要求以便仅仅确定保护范围，或者还能否按照 EPC 第 69 条的规定根据说明书和附图来解释权利要求以便确立是否已经满足可专利性条件和清楚性条件”❶。随后，申诉委员会通过一些案例进行了解释，主张使用说明书和附图来解释权利要求以确定权利要求的可专利性，这是一般规则。可见，使用说明书及附图解释权利要求已成为各国或地区通行的做法，引起争议的关键在于如何用说明书及附图来解释权利要求。

2. 说明书中明确排除的技术方案

实践中，专利权人在申请文件撰写过程中有时会在背景技术或者发明目的中明确记载排除某些技术方案或者某些技术特征，在确定权利要求的保护范围时，则不宜将其纳入权利要求的保护范围。

在“拼接垫”案❷（案例 5）中，涉及对权利要求 1 中“皮革边缘相互对接”如何理解。按照本领域技术人员的常规理解，边缘相互对接通常会存在多种对接方式，但是究竟是哪种呢？结合涉案专利背景技术的描述，其针对的是皮革碎件边缘部分叠合车缝时，一方面容易造成缝合困难，容易断针，另一方面叠合缝制造成缝合处厚度增加一倍，容易形成突起的“龙骨”，不仅有碍外观，而且使用时人的触感不好，基于此，涉案专利发明目的是提供一种外形平滑，使用时人的触感好的皮革碎件拼接垫。因此，本领域技术人员可知，涉案专利明确将皮革边缘叠合缝制的技术方案予以排除，权利要求中的“边缘相互对接”仅指对接缝合，并不包括叠合缝合，从而克服了传统产品缝合困难、有凸起“龙骨”的缺陷，达到垫面缝合牢固而平整的技术效果。

材料领域涉及类似案例 5 的情形较多。虽然我们强调确定专利权利要求的保护范围应当以权利要求中记载的全部技术特征所表达的技术内容为基础，然而，有些情况下，表面上看某一技术方案落入权利要求限定的保护范围，但是从说明书或者专利审查档案等的内容看，某一或某些技术方案已被明确排除在权利要求的保护范围之外，这样的技术方案则不能被解释进权利要求的内容，例如案例 5 中的“皮革边缘叠合缝制”的技术方案已明显被专利权人排除在保护范围之外。因此，在理解权利要求时，虽然强调以权利要求书记载的技术方案的内容为准，但不是严

❶ 欧洲专利局申诉委员会判例法第 6 版。

❷ 国家知识产权局专利复审委员会第 4378 号无效宣告请求审查决定。

格以在权利要求中使用的文字字面意思为准，而应结合说明书及附图，在全面考虑所属技术领域、背景技术、技术解决方案、发明目的和技术效果的基础上加以确定。

3. 是否允许用实施例解释权利要求

在专利说明书中，实施例或者具体实施方式是说明书重要的组成部分，对确定专利的保护范围起着重要作用。通常情况下，实施例不能用于限定权利要求书的内容，但是由于实施例是说明书的一部分，是专利技术方案的具体化内容，因此，实施例应当属于专利保护范围之内的内容，在无效程序中，同样涉及实施例对权利要求解释的程度问题。

在“食品清洗机用洗涤筐”案[1]（案例 6）中，由于权利要求 1 中并没有对环状挡盖的开口大小和形状进行限定，因此对技术特征“洗涤筐体的上口有环状挡盖”出现了不同理解。一种观点认为，通过阅读说明书及附图和实施例内容可知，环状挡盖必须是开口较大、不封闭的挡盖，才能解决该专利要解决的技术问题，这些特征明显构成了与现有技术的区别。而截然不同的另一种观点则认为，在依据权利要求能够确定专利所保护的技术方案时，通常无须引用说明书及附图来进行解释，特别是不能将仅记载在说明书及附图甚至实施例中但是并没有记载在权利要求中的技术内容作为所保护的技术方案的技术特征。

上述两种观点得出的结论也截然相反，其原因在于对权利要求保护范围确定时是否采用说明书实施例进行解释的把握上出现了偏差。笔者认为，虽然说明书及附图可以用于帮助理解权利要求，但是，在“洗涤筐体的上口有环状挡盖”清楚限定权利要求保护范围的前提下，为了区别现有技术，将权利要求中并没有予以保护或限定的技术特征甚至是实施例记载的内容纳入权利要求的保护范围，并不属于解释权利要求的范畴，相反，是对权利要求进行的不恰当的修正。通常，权利要求是在说明书或者附图公开的实施例基础上进行的合理概括，实施例仅仅是权利要求保护范围内技术方案的示例，是专利申请人或者专利权人认为实现其发明或者实用新型的优选方式。除非该权利要求实质上就是具体实施例所记载的技术方案，否则不能将权利要求的内容仅仅理解为说明书或

[1] 国家知识产权局专利复审委员会第 15310 号无效宣告请求审查决定；一审判决号为（2011）一中知行初字第 371 号；二审判决号为（2012）高行终字第 513 号。

者附图公开的具体实施方式。事实上，如果将权利要求仅仅限定在具体实施例中的环状挡盖开口的大小和形状，显然对权利要求进行了限缩性解释，专利权人仅能获得上述保护范围内的权利。因此，实践中应区分用说明书及附图理解权利要求以及将说明书中实施例的内容读入权利要求中，这也是导致上述案例 6 出现截然相反结论的根本原因。

4. 说明书附图的解释程度

虽然从《专利法》第 59 条第 1 款规定来看，在对权利要求进行解释时，说明书附图与说明书的作用同等重要，但是，相对于权利要求而言，说明书附图是对发明直观、特定的描述，并且由于其通常仅是权利要求中的一个具体实施方案，因此，在确定说明书附图的解释作用时，其与说明书对权利要求的解释作用不可同日而语，但是也不容忽视。因此，实践中如何把握说明书附图的解释作用与解释程度同样是我们面临的一个难题。

在“一种阳角线收口条”案❶（案例 7）中，涉及对权利要求 1 中的“所述加强板连接在所述扇形弧面内侧”这一技术特征的理解。复审委认为，权利要求 1 上述技术特征所限定的保护范围非常清楚，限定了加强板与扇形弧面内侧连接，并没有明确加强板与底板的位置关系，且对收口条的断面是否非封闭是一个开放式的限定。虽然专利权人解释，从说明书附图来看，收口条的断面是非封闭的，非封闭的目的是使水泥抓住，不容易脱落，但附图仅是一种示例，在权利要求 1 已经清楚地限定了一个较大范围的情况下，使用附图所示的具体实施例来限缩或者改变权利要求的保护范围会造成授权后权利的不稳定。一审判决❷支持了复审委的上述观点。

笔者认为，权利要求书的文字表述应当尽量清楚地表明专利权的保护范围，但无论权利要求中用语的含义是否清楚，说明书附图都可以用来对该术语进行理解或解释。应当注意的是，第一，说明书附图仅仅是说明书的一部分，其可以作为实施涉案专利的具体实施例来供本领域技术人员来实施其发明创造，用以辅助说明涉案专利的具体结构等，但不能用于限制权利要求书的内容。实践中，通常不能仅根据说明书附图公开的内容来限制权利要求的保护范围，除非本领域技术人员能够直接地、毫

❶ 国家知识产权局专利复审委员会第 20438 号无效宣告请求审查决定。

❷ 判决号为（2013）一中知行初字第 2165 号。

无疑义地确定权利要求的保护范围仅仅限于该说明书附图所示的具体实施例。第二，权利要求的解释规则不仅要有利于保护发明人的创造性技术贡献，也要有利于激励发明人在其权利要求书中清楚地表述其保护范围。

三、站位本领域技术人员理解涉案专利和现有技术公开的内容

对专利申请文件进行正确解读是确定专利权利要求保护范围的前提，而只有站位本领域技术人员角度才能满足正确解读的要求。站位本领域技术人员理解权利要求，将有助于客观分析权利要求的技术方案，从而准确界定权利要求的保护范围。

在“遮阳篷的可调臂座”案[1]（案例 8）中，涉及对权利要求 1 中的“所述连接座设有与螺母配合的孔或槽”的技术特征的理解。复审委认为，虽然权利要求 1 中没有对所述孔或槽的形状进行限定，但是根据涉案专利说明书的记载，本领域技术人员可以确定，权利要求 1 中的“孔或槽”必然不能与螺母紧密配合而必须为与其配合的螺母提供一定的位移空间以使连接座可以相对于转动轴转动，从而达到臂座可调的目的。一审判决[2]支持了复审委观点。

无效案件的审查中，不仅涉及对涉案专利权利要求保护范围的理解，还会涉及对所使用的现有技术公开内容的理解和解释。要得出正确的审查结论，站位本领域技术人员的角度进行理解同样重要。

在“一种分体式立式烘干塔”案[3]（案例 9）中，涉及对现有技术附图公开内容的认定。复审委认为，在附件 1 的附图 2 示出了筒状塔体主体与锥形滑料圈之间有粗实线连接，附件 1 给出了将滑料圈与塔体主体之间连接在一起的固定连接方式。但是专利权人并不同意，他认为滑料圈在附件 1 的附图 2 中没有具体文字记载，从附图中不能毫无疑义地确定塔状主体是什么，滑料圈与主体连接关系也不清楚。一审判决[4]支持了复审委的观点。

---

[1] 国家知识产权局专利复审委员会第 15972 号无效宣告请求审查决定。

[2] 判决号为（2011）一中知行初字第 2168 号。

[3] 国家知识产权局专利复审委员会第 22705 号无效宣告请求审查决定。

[4] 判决号为（2015）一中行（知）初字第 951 号。二审判决号为（2017）京行终字第 2454 号。

无效程序中各方当事人均会朝向有利于自己的方向进行解释，无可厚非，但是，对于无论是涉案专利还是现有技术公开内容的认定，均应站位本领域技术人员进行理解和解释，这将更加有利于案件事实的客观呈现，更有利于案件的客观审查。

四、综合考虑发明要解决的技术问题和产生的技术效果等因素

在确定专利权利要求的保护范围时，应当综合考虑多种因素。实践中除了按照《专利法》第59条第1款规定理解之外，还应综合考虑发明要解决的技术问题以及产生的技术效果等因素。

在“自动刮料器”案[1]（案例10）中，争议的焦点在于权利要求1中的“刮料器”是用来实现对所有需要刮料的任何机器进行刮料，还是仅针对制砖机的夹坯器进行刮料。二审判决[2]认为，权利要求1的保护范围虽然从字面上理解可以包括其他非用于制砖机的刮料器，但是综合考虑发明要解决的技术问题和所产生的技术效果等因素，本领域技术人员能够认识到涉案专利的自动刮料器是仅用于对夹坯器进行刮料，据此维持了一审判决[3]和复审委决定。

对于权利要求的理解除了考量权利要求本身的技术术语是否清楚限定权利要求的保护范围之外，还应站位本领域技术人员，综合考量发明要解决的技术问题和所产生的技术效果等因素来确定技术方案的保护范围，这在实践中至关重要。

五、功能性限定权利要求和方法/用途限定的产品权利要求

根据《专利审查指南2010》规定[4]，权利要求应当尽量避免使用功能

[1] 国家知识产权局专利复审委员会第16497号无效宣告请求审查决定。

[2] 判决号为（2012）高行终字第409号。

[3] 判决号为（2011）一中知行初字第2271号。

[4] 中华人民共和国国家知识产权局．专利审查指南2010［M］．北京：知识产权出版社，2010：第二部分第二章第3.2.1节．

或效果特征来限定权利要求，但并不意味着不能使用，只是使用条件相对来说比较严格而已。即只有在某一技术特征无法用结构特征来限定，或者技术特征用结构特征限定不如用功能或效果特征来限定更为恰当，而且该功能或者效果能通过说明书中规定的实验或者操作或者所属技术领域的惯用手段直接和肯定地验证的情况下，使用功能或者效果特征来限定发明才可能是允许的。

在“一种立式双筒烘干”案[1]（案例 11）中，涉及对权利要求 1 中功能性限定的特征“挡料-扬料装置”如何理解。复审委认为，权利要求 1 中的“挡料-扬料装置”是区别于筒体且属于立式双筒烘干机的另一个部分，它与筒体的位置关系是，在外筒体和内筒体之间，在进行特征对比时，仅凭作用相同不能认为两者是相同的技术特征。一审判决[2]和二审判决[3]撤销了复审委的决定，认为权利要求 1 中限定的“挡料-扬料装置”属于功能性限定技术特征，应当理解为所有能实现挡料扬料功能、改变物料下落方向、延长物料下落时间及下落路径的长度，使干燥效果更好的装置。

《专利审查指南 2010》将功能性限定的权利要求理解为覆盖了所有能够实现所述功能的实施方式[4]。根据该规定，一审判决和二审判决认为，对于本领域技术人员而言，在物料下落过程中，能够在物料下落的原始路径上进行阻挡，即为“挡料”，而阻挡的同时，势必会给予物料反作用，即为“扬料”。因此，“挡料”与“扬料”没有本质区别，仅为同一个作用的两个方面。据此撤销了复审委的审查决定。

在“一种立体孔洞装饰陶瓷砖”案[5]（案例 12）中，涉及是否可以使用权利要求中并未记载但在说明书中记载的“加入成孔剂烧制发泡”这一方法特征对权利要求 1 中的“所述陶瓷砖表面层设置有孔洞/裂沟”中的“孔洞/裂沟”这一特征进行限定。二审判决[6]认为，尽管上述方法并未写入权利要求中，但是由方法带来的产品结构、形状上的变化应当在

[1] 国家知识产权局专利复审委员会第 21125 号无效宣告请求审查决定。

[2] 判决号为（2014）一中知行初字第 454 号。

[3] 判决号为（2014）高行终字第 2489 号。

[4] 中华人民共和国国家知识产权局．专利审查指南 2010［M］．北京：知识产权出版社，2010：第二部分第二章第 3.2.1 节．

[5] 国家知识产权局专利复审委员会第 13991 号无效宣告请求审查决定。

[6] 判决号为（2010）高行终字第 918 号；一审判决号为（2010）一中知行初字第 483 号。

实用新型创造性中予以考虑。再审裁定[1]并不认可二审判决的观点，认为在解释权利要求时，不得将未在权利要求中记载的技术特征读入权利要求，对权利要求进行事实上的修改。根据权利要求 1 的记载，其并没有记载任何有关孔洞和/或裂沟的制造方法，二审判决以记载在说明书中的相关制造方法为依据，将“孔洞和/或裂沟”解释为“经抛光后呈现出加入成孔剂烧制发泡而成的大大小小的孔洞和/或裂沟”，认定事实和适用法律均有错误。

在理解权利要求的保护范围时应当以权利要求记载的全部技术特征为准，案例 12 中的上述“加入成孔剂烧制发泡”这一方法特征并未写入权利要求中，因此，不应将其纳入权利要求的保护范围。否则将会不恰当地修正权利要求，损害权利要求的公示作用。并且，处理此类案件时，应当注意区分其与用方法限定的产品权利要求两者的差别，后者的方法特征通常会对保护范围起到限定作用。

六、最新相关信息

2015 年最高人民法院在“反射式萨格奈克干涉仪型全光纤电流互感器”案中提出了专利权利要求的“最大合理解释”（Broadest Reasonable Interpretation，BRI）规则。该规则指出：“通常情况下，在专利授权确权程序中，对权利要求的解释采取‘最大合理解释’原则，即基于权利要求的文字记载，结合对说明书的理解，对权利要求作出最广义的合理解释。如果说明书未对权利要求用语的含义作出特别界定，原则上应采取本领域普通技术人员在阅读权利要求书、说明书和附图之后对该术语所能理解的通常含义，尽量避免利用说明书或者审查档案对该术语作不适当的限制，以便对权利要求是否符合授权条件和效力问题作出更清晰的结论，从而促使申请人修改和完善专利申请档案，提高专利授权确权质量。”[2]

上述 BRI 规则曾一度引发热议，该规则应当来源于或者借鉴了美国专利商标局（USPTO）的“最宽合理解释”原则。然而，正当界内就

[1] 裁定号为（2011）知行字第 91 号。

[2] 最高人民法院（2014）行提字第 17 号行政判决书。

BRI 规则进行热烈讨论之中时，美国专利无效程序再次作出重大变革，即 USPTO 的专利审判与上诉委员会（PTAB）将对无效程序中权利要求的解释使用 Phillips 标准，以替代原来的 BRI 规则。这一重大变革将大大有利于专利权人，将对美国专利在 USPTO 的无效程序和结果产生极大影响。所谓 Phillips 规则，是指美国联邦巡回上诉法院（CAFC）在 2005 年的 Phillips v. AWH Corp.（Fed. Cir. 2005）案中确立的权利要求解释的原则，具体来说，在 Phillips 案中，CAFC 认为对权利要求的解释应当依据相关术语的通常和惯常（ordinary and customary meaning）的含义，并解释说所谓通常和惯常的含义是指本领域技术人员在发明作出之时所理解的含义（the meaning that the term would have to a person of ordinary skill in the art in question at the time of the meaning）。Phillips 标准目前也是美国联邦地区法院和国际贸易委员会在对权利要求进行解释时所采用的标准。虽然 USPTO 成立了 PTAB 主导无效程序的审判，但是由于采用 BRI 标准，曾经使无效成功率一度高达 80%以上，也正因如此，PTAB 对 BRI 规则的适用引发了广泛质疑。质疑者一方面认为 PTAB 在无效程序中对权利要求的解释标准应该与地区和国际贸易促进委员会保持一致，另一方面认为过高的无效成功率将大大打击创新者的积极性，也将美国专利体制置于危险境地。

由此不难看出，对于权利要求中的一个争议的技术特征，BRI 规则解释的范围通常是大于 Phillips 标准的解释范围，当然两者确定的保护范围也有可能一致，但无论如何 BRI 规则的范围都不可能小于 Phillips 标准的解释结果。

七、综　述

根据专利法的规定，权利要求书用来界定专利权的保护范围，而说明书用来描述其发明。这就导致出现了令人困扰的问题：在界定专利权利要求保护范围时，如何把握两者之间的关系？美国联邦巡回上诉法院作出的著名的 Phillips v. AWH Corp.（Fed. Cir. 2005）案中的判决指出："专利权利要求书界定专利权人的独占范围，这是专利法的基本原则。我们经常说，专利权利要求书中的术语应'给予其普通和习惯的含义'，并且，普通和习惯含义指的是本领域普通技术人员在发明作出时所理解的含义。本领域普通技术人员对权利要求中术语的含义的理解，为权利要求解释提供了一个客观基础。这一基础是基于以下被普遍认可的认识：发明人是本领域典型的技术人员，而专利文件是给本领域其他技术人员阅读的。本领域的普通技术人员在阅读专利权利要求书时，不是只阅读有争议的术语所在的权利要求，还阅读整个专利文件的上下文，包括说明书。”[1] 上述内容也是笔者崇尚的观点，即在确定专利权利要求的保护范围时，不能仅依赖权利要求书记载的内容，还应当阅读整个专利说明书，帮助理解权利要求的保护范围。基于此，笔者收集多年积累的材料领域的上述典型案例，试图厘清依赖说明书来确定权利要求保护范围的程度，并且从专利法规定的两个方面结合典型案例进行阐述，一方面是针对“以其权利要求的内容为准”，提出任何情形下都不能脱离说明书来对权利要求进行理解的观点，另一方面则重点阐述说明书及附图的解释作用，这更是审查实践的难点和重点。

（1）权利要求书是确定专利权利要求保护范围的重要依据

综合文章中的上述案例及分析可以看出，权利要求书对于确定保护范围具有决定性作用，应当注意把握以下三点。第一，当权利要求本身含义清楚，而说明书中并未对其进行特殊定义时，通常依据该术语在本领域中的通常含义来理解。第二，以权利要求的内容为准，并不意味着只能拘泥于权利要求中的具体措辞而不使用说明书中的描述来进行理解，相反，通常需要使用说明书及附图帮助理解权利要求。第三，权利要求本身清楚虽然是前提，但是否对其进行特殊限定或定义与说明书的进一步解释或者实施例的内容的限定难以区分是造成审查实践中操作上的分歧之所在。作为裁判者，这应当成为实践中重要的考量因素。因此，在确定权利要求书中某技术术语的含义时，还应当从专利申请文件的上下文并且以本领域技术人员的公知常识为背景阅读权利要求的内容来确定权利要求中的技术术语的含义，进而准确界定权利要求的保护范围。

（2）说明书及附图对于准确理解权利要求的保护范围必不可少

权利要求并不是孤立存在的，它仅仅是包括整个说明书在内的专利文件的一部分，权利要求书必须根据说明书进行阅读理解。因此，对于通过说明书帮助理解权利要求保护范围的把握应当注意以下三点。第一，

[1] 闫文军. 专利权的保护范围［M］. 北京：法律出版社，2007.

说明书与权利要求书具有密切的关系，它通常是弄清争议技术术语的最佳指南。从上述诸多案例来看，很多对权利要求内容的争议都是通过说明书的解释而解决的，因此，对权利要求中术语及保护范围的理解和解释应以说明书及附图为依据。第二，实践表明，确定权利要求的保护范围依赖说明书是完全正确的。说明书及附图对权利要求的解释可以弥补权利要求表述模糊或存在多义理解的缺陷，从而通过解释确定出唯一或确定的保护范围。第三，专利权人在申请过程中明确排除的某些技术内容或者增加的某些技术特征可能对确定专利的保护范围产生特别影响，但相应的技术特征并未明确记载在权利要求书中，此时利用说明书来理解权利要求的保护范围尤显重要。

（3）区分用说明书理解权利要求和将说明书中的限制读入权利要求至关重要

虽然这种区分有时十分困难，但笔者认为，如果做到以下两点将变得较为容易。一是做到将注意力集中到本领域技术人员如何理解权利要求的技术术语上，如此解释权利要求和将限制读入权利要求的区分或许会变得更加明确和可预见。尽管说明书会描述一些实施例，但是实践中不能将权利要求限于这些实施例，特别是当说明书中只有一个实施例时，尤其要警惕不能将权利要求解释为仅限于这一实施例，这是因为本领域技术人员很少会将权利要求书的定义限于说明书中的具体实施例。二是做到根据专利文件的上下文包括权利要求和说明书的上下文确定权利要求的保护范围将能够避免该问题。根据专利文件的上下文解决这个问题，比将权利要求严格限定于说明书中公开的具体实施例或者将权利要求书与说明书割裂开来，更能准确把握专利的保护范围。

（4）站位本领域技术人员理解权利要求和说明书公开的内容贯穿案件审理全过程

笔者记得行业内的一句所谓名言：专利是写给本领域技术人员看的，在解释权利要求时应当站位本领域技术人员进行。因此，在确定以说明书的内容为准以及说明书及附图用于解释权利要求的内容时，首要的是应当站位本领域技术人员理解权利要求和说明书公开的内容，并且应当综合考虑发明要解决的技术问题和产生的技术效果等因素来准确界定权利要求的保护范围，以使公众能够明晰哪些技术属于专利保护范围之内的技术，哪些技术属于公众能够最大限度地利用的公有技术，从而能够促进科学技术的不断更新和发展。

（5）权利要求保护范围的确定与最大合理解释和 Phillips 标准的关系是一致的

关于权利要求保护范围的确定，我国仅《专利法》第 59 条第 1 款给予了原则性规定，《专利法实施细则》和审查指南均未对其作进一步的解释，导致实践中出现诸多争议的案例。虽然自最高人民法院在“反射式萨格奈克干涉仪型全光纤电流互感器”一案中引入 BRI 规则后，引发了界内人士对该标准的热议，但从上述笔者有关最新相关信息的引用和分析不难看出，无论是我国对《专利法》第 59 条第 1 款规定的理解和把握，还是美国 BRI 规则抑或 Phillips 标准的要求，其中心思想是一致的，即对权利要求书中某一技术术语的理解首先应当根据所属技术领域技术人员通常和惯常理解的含义确定，其次，当说明书中对该技术术语作出特别界定时，从其特别界定。因此，审查实践中，只要把握《专利法》第 59 条第 1 款的精髓，站位本领域技术人员，以权利要求记载的内容为准，通过阅读说明书及附图准确理解权利要求，即可准确界定专利权利要求的保护范围。

标准必要专利 FRAND 许可费计价基础探讨

张永华❶

摘　要

通信领域标准必要专利使用费问题一直是标准必要专利权人和标准使用者之间争议的焦点问题，引发了很多诉讼。使用费计算的一个根本问题就是计费基础，理论界有终端产品市场价格和“最小可售单元”（the Smallest Salable Patent Practicing Unit）不同的观点。本文分析了通信领域标准必要专利许可目前存在的问题，在对比分析主要国家司法判例观点的基础上，提出了自己关于标准必要专利实施许可费计价基础的建议。

关键词

标准必要专利　许可费　计价基础　最小可售单元

---

❶ 作者单位：国家知识产权局条法司。

一、前　言

（一）标准必要专利持有人和实施者之间关于许可费计价基础的分歧

标准必要专利（Standard Essential Patent，SEP），是指在执行技术标准时需要实施的专利。为避免专利权人滥用标准化进程带来的强势地位，包括拒绝向竞争对手许可必要专利技术，导致竞争对手因无法执行技术标准而被排除在市场之外，或者借助标准实施的强制性向被许可人索取高额专利使用费，形成“专利讹诈”，由此形成了公平、合理、无歧视（Fair，Reasonable and Non-discriminatory）专利许可的基本原则（简称“FRAND 原则”）。各个无线通信领域的标准组织在其成员加入时，均要求会员针对其标准必要专利作出根据 FRAND 原则来授予不可撤销的许可。❶

由于标准必要专利是实施标准的必要专利，其对于相关行业的各个市场主体均有着不可忽视的意义。特别是随着移动通信设备的普及，移动通信领域的标准必要专利的许可市场因其丰厚的利润和很高的技术门槛，成为众多科技公司必争之地。据估算，标准必要专利的许可费占销售收入的 0.8%～8%不等，且单个专利一年的许可收入可高达 1 亿美元。❷

标准必要专利作为一种重要的战略资源，对于企业而言，其数量越多、质量越高，其主导世界市场的可能性就越大。因此，标准必要专利越来越成为各个国家、各个企业战略竞争的焦点。❸ 在标准必要专利的数量方面，截至 2016 年 10 月 22 日，美国遥遥领先，拥有 4068 件，第2～5 名分别是芬兰（2319 件）、日本（1656 件）、法国（712 件）、韩国（525 件），中国拥有标准必要专利 163 件，排在第 11 位，和上述国家还有一定的差距。❹

上述现状反映在我国的移动通信领域专利许可市场中，体现为高通、诺基亚、爱立信等跨国企业凭借其标准必要专利的数量和质量，牢牢占

---

❶ 华为技术有限公司诉交互数字通信有限公司等标准必要专利使用费纠纷案二审判决书［广东省高级人民法院（2013）粤高法民三终字第 305 号］。

❷❸❹ 国家知识产权局. 标准必要专利的国际比较及其许可收入分析［EB/OL］.（2016-10-22）. http：//www. sipo. gov. cn/zlssbgs/zlyj/201701/t20170113/1307816. html.

据了产业链的上游，而包括众多国产厂商在内的手机制造商、芯片制造商、代工厂等相关市场主体，长期处于产业链下游，且在标准必要专利许可谈判中，处于任人宰割的地位。典型的标准必要专利许可流程和各主体在其中的角色见图 1。现阶段，由标准必要专利所征收的高额许可费，直接从终端产品制造商或其代工厂处收取，最终转嫁给广大消费者。而现阶段许可费收取的数额，是许可费计价基础（Royalty Base）和许可费率（Royalty Rate）之积。

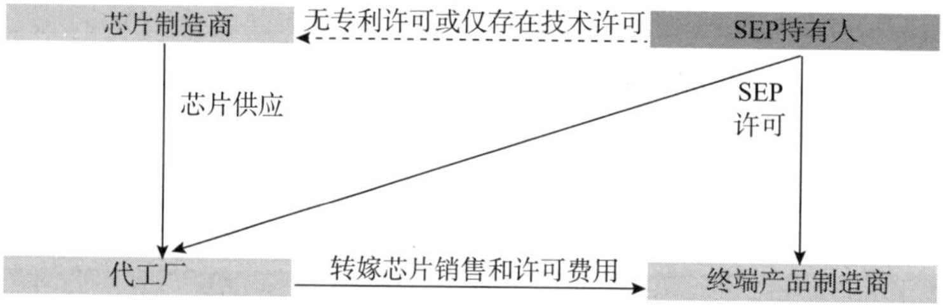

图 1　典型的标准必要专利许可交易

正因为如此，标准必要专利持有人和实施者间关于许可费计价基础的争论愈演愈烈。特别是美国法院开始摒弃标准必要专利许可实践中经常采用的整机计价基础，转而适用最小可售专利实施单元原则（the Smallest Salable Patent Practicing Unit Doctrine，以下简称“最小可售单元”原则）来确定标准必要专利的许可费❶后，各种争议与讨论更是甚嚣尘上。最小可售单元的标准实际上在美国的专利侵权案件中已经长期存在并广泛适用，其要求法院基于最小可售专利实施单元的价值来确立许可费，并采用最可靠的方法来区分专利和非专利特征的贡献。

但在实际的谈判和许可中，标准必要专利的持有人必然更愿意基于终端产品的整体价值，如净售价或平均售价来计算其许可费，❷ 以该售价

❶ See Ericsson Inc. v. D-Link Systems，Inc.，773 F. 3d 1201（Fed. Cir. 2014）；In re Innovatio IP Ventures，LLC Patent Litig.，2013 WL 5593609（N. D. Ill. 2013）.

❷ See SIDAK J G. The Proper Royalty Base for Patent Damages［J/OL］. Journal of Competition Law & Economics，2014，10（4）：989，996. https：//www. criterioneconomics. com/docs/emvr-entire-market-value-rule-proper-royalty-base-for-patent-damages. pdf；GASEY W J. The Fracturing of Global FRAND Patent Licensing［EB/OL］. SKADDEN，ARPS，SLATE，MEAGHER & FLOM LLP. https：//www. skadden. com/sites/default/files/publications/The_Fracturing_of_Global_FRAND_Patent_Licensing. pdf.

一定比例的金额作为其技术贡献的回报。很显然，以终端产品的整体市场价值为计价基础相比以最小可售单元的价值为计价基础，能给标准必要专利持有人带来更多的回报。但是该做法长期以来一直被广大的标准必要专利实施者所诟病。

在我国有限的几个有关标准必要专利的案件中，对于许可费的计价基础的讨论较少。在现有的唯一标准必要专利许可费的判例，即华为技术有限公司诉交互数字通信有限公司等标准必要专利使用费纠纷案[1]中，合理的许可费计价基础并非双方在该案中的争议焦点。

现阶段，多个已经立案的与标准必要专利有关的案件均处于早期审理阶段，可以预见的是，许可费的计价基础问题将成为案件审判中的焦点问题，而我国法院在这一问题上，既缺乏理论上的指导，也欠缺实践中的经验。

（二）本文所讨论的问题

本文意图确认符合 FRAND 原则的标准必要专利许可费的计价基础：首先，分析使用终端产品整体市场价值作为计价基础的做法，为何会被标准必要专利持有人所坚持，并指出该做法近年来显现的问题；其次，探讨中国法下对于专利组件赔偿额确定的原则，以及将其适用于标准必要专利许可费计价基础的可能性；再次，介绍美国在这一问题上的法律实践，以作为填补中国法律实践空白的参照；最后，基于 FRAND 原则的核心要义以及标准必要专利持有人只应就其技术贡献而获得相应回报这一原则，提倡我国法院在审判标准必要专利的许可相关案件时考虑采用最小收费单元的价值作为合理的许可费计价基础。

二、标准必要专利持有人坚持使用终端产品整体市场价值作为计价基础的原因及其所带来的问题

（一）在标准必要专利的实际谈判和许可中确立以终端产品价格作为许可费计价基础的历史原因和考虑

以终端产品价格作为标准必要专利的许可费计价基础有其历史性原

[1] 华为技术有限公司诉交互数字通信有限公司等标准必要专利使用费纠纷案二审判决书［广东省高级人民法院（2013）粤高法民三终字第 305 号］。

因。早期手机的核心功能为移动通信，并没有如相机、指纹识别、移动支付、定位、语音控制等在如今的智能手机上十分重要且常见的功能。可见，移动通信相关的标准必要专利是满足消费者需求的核心技术，也是市场价值的最终体现，想必就这一核心技术获得专利许可，被许可人在谈判中也没有太大的议价能力，接受终端产品价值作为计价基础并不出乎意料。

标准必要专利持有人经常主张的另一个理由在于，使用终端产品价格作为计价基础可以降低其在许可费谈判和收取过程中的管理和交易费用。对于标准必要专利持有人来说，核实和监测销售给终端用户的终端产品的数量，远比安装在不同品牌和价格的手机芯片容易。❶ 其次，标准必要专利权人还需要从终端生产商获得产品的销售价格，才能够计算其收取的许可费用，因此由终端产品制造商按月或季度汇报其销售的产品数量、型号、价格最为合适。再者，无论许可费在芯片还是终端产品制造商处收取，最终当终端产品销售给消费者后，该许可费都要由消费者来承担。假设从芯片制造商处收取，还需要将许可费用进一步转嫁给终端产品制造商。既然如此，直接向终端产品制造商收取许可费将减轻芯片制造商的压力，降低交易费用。

当然，标准必要专利持有人一直坚持使用整机价格作为许可费计价基础的核心考虑在于，以整机价值作为计价基础将获得更高的许可费用，或者说是保证其获得更高许可费用的第一步。以手机和蜂窝通信相关的标准必要专利为例，据统计，搭载蜂窝通信标准必要专利的基带芯片价格约在 20 美元，❷ 现在市场上主流的智能手机的售价为人民币 1000 元到 8000 元不等，故而手机的售价为基带芯片价格的 10～40 倍。除非标准必要专利实施者能够在许可谈判中获得现有的许可费率 90%及以上的折扣，否则使用终端产品价格作为许可费计价基础，与使用搭载专利的零部件作为计价基础相比，将毫无疑问地确保许可人获得较高的许可费。当然，

❶ GINSBURG D H，KOBAYASHI B H，WONG-ERVIN K W，et al. "Excessive Royalty" Prohibitions and the Dangers of Punishing Vigorous Competition and Harming Incentives to Innovate [J/OL]. CPI Antitrust Chronicle，2016，4 (3). https：//ssrn. com/abstract=2748252.

❷ CASEY W J. The Fracturing of Global FRAND Patent Licensing [EB/OL]. (2015-06-23). Skadden，Arps，Slate，Meagher & Flom LLP. https：//www. skadden. com/sites/default/files/publications/The_Fracturing_of_Global_FRAND_Patent_Licensing. pdf.

标准必要专利权人期望就其技术贡献获得较高的许可费本身无可厚非，重点在于这一“较高”的许可费和计价基础是否符合 FRAND 原则以及相关法律规定。

（二）使用终端产品的整体市场价值作为标准必要许可费计价基础所带来的问题：许可费膨胀（Royalty Inflation）和差别待遇（Blunt Discrimination）

1. 许可费膨胀

许可费膨胀是使用终端产品的价格作为许可费计价基础带来的首要问题，也是遭受标准必要专利实施者质疑的普遍原因。

许可费膨胀是指因标准必要专利持有人攫取了其他技术贡献带给终端产品的价值利润从而造成许可费过高的问题。以手机产品为例，智能手机的功能和定位随着技术的发展和社会需求的变迁而不断变化，时至今日，智能手机已经从过去的仅向人们提供通信服务的设备，变为集多种功能于一身的产品。据统计，一部智能手机上实施了多达 25 万项专利，[1] 覆盖摄像、操作系统、触摸屏、用户交互、语音识别、地理定位、移动支付等多个领域，其涵盖了成百上千的标准必要专利和非标准必要专利。基于产品的综合性和需求的多样性，很难认为消费者是因某种特定功能选择智能手机。在此情况下，如果继续以整机作为计价基础，在收取许可费时忽略完全属于其他技术所带来的增值，强行获得一部分的许可收益，相当于在攫取其他技术持有人所贡献的价值。

更为重要的是，终端产品不再是承载或实施通信功能的专有设备。事实上，实施通信功能所必需的技术方案技术均集成在基带芯片当中，并由芯片制造商直接销售给手机制造商或代工厂进行组装。基带芯片具备了实施相应通信专利技术、并实现手机功能的核心以及完整组件。如此看来，如果通信领域标准必要专利权人依然要求以高于芯片价值数十倍的整机价值作为计费基础，并收取 0.8%～8%的许可费份额，显然会遭受手机生产商的质疑和声讨。不得不说，以整机收费确实存在攫取其他技术贡献价值的嫌疑。

[1] LOHR S. Apple-Samsung Case Shows Smartphone as Legal Magnet [N/OL]. N. Y. TIMES, 2012-08-25. http://www.nytimes.com/2012/08/26/technology/apple-samsung-case-shows-smartphone-as-lawsuit-magnet.html.

2. 差别待遇

使用终端产品的价格作为许可费计价基础的另一个问题是将会导致对不同价格、品牌、型号的手机形成差别对待。

尽管主流手机的价格从 1000 元至 8000 元不等，但基于标准化进程，手机实施的 3G/4G 蜂窝通信技术均来源于相同的标准必要专利。对于相同的技术，标准必要专利权人理应获得等价的回报。事实却是现行的计价基础导致生产商就同样的通信技术因手机定价支付不同的许可费用。

手机产品价格的变化，可基于品牌、内存容量、屏幕、相机、存取速度或外观等多方面内容。市场中采用相同硬件配备的手机产品因为品牌不同售价大不相同的情况比比皆是，甚至对于同品牌、同型号产品，部分硬件升级同样会带来数百元至上千元的价格调整。然而，这些技术更新与通信技术无关，其所带来的利润增值也与通信技术无关，但是每一次手机生产商在其他功能上作出的改进，标准必要专利的持有人均可以坐收这种改进所带来的利润提升。

上述现象明显是不合理的。印度竞争委员会在针对爱立信的调查中已经指出，针对采用相同技术的手机收取不同的许可费构成差别待遇，导致价格较高的手机被收取了超额的许可费。[1]

三、我国在标准必要专利许可费计价基础上的实践和选择

（一）我国现有的关于标准必要专利许可费的案例

遗憾的是，现阶段我国的法院和反垄断执法机构仅处理了寥寥几个关于标准必要专利许可的案件。

在华为技术有限公司诉交互数字通信有限公司（以下简称“IDC 公司”）等标准必要专利使用费纠纷案[2]中，被上诉人华为公司与上诉人 IDC 公司就标准必要专利许可费或者费率问题进行了多次谈判，谈判期

---

[1] Micromax Informatics Limited vs Telefonaktiebolaget LM Ericsson (Publ), Case No. 50/2013 [EB/OL]. http://www.cci.gov.in/502013.

[2] 华为技术有限公司诉交互数字通信有限公司等标准必要专利使用费纠纷案二审判决书［广东省高级人民法院（2013）粤高法民三终字第 305 号］。

间，IDC 公司向美国法院提起诉讼，同时请求美国国际贸易委员会对华为公司的相关产品启动“337 调查”并发布全面禁止进口令、暂停及停止销售令。华为公司遂向法院提起诉讼，要求法院判令 IDC 公司按照 FRAND 原则确定标准专利许可费率。在该案中，合理的许可费计价基础并非双方所争议的问题，而争议点在于参考许可费的选取问题。最终，法院参考 IDC 公司与苹果公司以就通信领域标准必要专利的许可使用费，确定了该案的许可费费率为 0.019%。该许可费的计价基础仍然为终端产品的价格。该案中法院仅仅依据行业惯例而适用该许可费的计算方法，而没有针对许可费计价基础问题进行进一步分析。

2015 年 2 月 9 日，中国国家发展和改革委员会（以下简称“国家发改委”）宣布对高通公司（Qualcomm Incorporated）的处罚决定，并处以 60.88 亿元人民币罚款，此次处罚也成为迄今中国反垄断最大一笔罚款。在国家发改委对高通公司的行政处罚决定[1]中，国家发改委认为，“对于被迫接受当事人一揽子专利许可的被许可人，当事人在坚持较高许可费率的同时，以超出当事人持有的无线标准必要专利覆盖范围的整机批发净售价作为计费基础，显失公平，导致专利许可费过高。”可见国家发改委已经注意到使用整机价格作为许可费计价基础的不合理之处。最终，高通公司依据该处罚决定提出了整改措施，但其中仍然坚持了以整机价格作为许可费计价基础，仅仅在其基础上适用 65%的折扣。[2] 而国家发改委并未对此决定和整改方案作出进一步的解释和分析。

在 2018 年 1 月广东省深圳市中级人民法院宣判的华为诉三星侵害发明专利权纠纷两案[3]中，原告华为诉称，其拥有大量无线通信标准必要专利，涉案专利为 4G 标准必要专利。被告方未经原告许可，以制造、销售、许诺销售、进口的方式侵害其专利权，并在许可谈判中未遵循 FRAND 原则，具有明显过错，请求法院判令被告方立即停止涉案专利侵权行为。在这两个案件中，由于原告华为并未主张侵权赔偿，故而参照

---

[1] 发改办价监处罚〔2015〕1 号。

[2] 发改委对局通罚款 61 亿元成中国最大反垄断罚单［EB/OL］.（2015-02-10）. http://tech.sina.com.cn/t/2015-02-10/doc-ichmifpx7646750.shtml.

[3] 华为技术有限公司诉三星（中国）投资有限公司、惠州三星电子有限公司、天津三星通信技术有限公司和深圳市南方韵和科技有限公司侵害发明专利权纠纷案一审民事判决书［（2016）粤 03 民初 816 号］；华为技术有限公司诉三星（中国）投资有限公司、惠州三星电子有限公司和深圳市南方韵和科技有限公司侵害发明专利权纠纷案一审民事判决书［（2016）粤 03 民初 840 号］.

合理的专利许可费计算赔偿金额并非本案的争议焦点。法院在论述双方当事人在谈判中是否存在明显过错、是否遵循 FRAND 原则的过程中，分析了双方所给出的许可费报价是否符合 FRAND 原则。但是深圳市中级人民法院同样没有对以终端产品的价格为许可费的计价基础是否合理发表看法。

由上可知，我国现阶段关于标准必要专利许可的案件，并不能给确立合理的许可费计价基础提供具体的指导。

（二）我国有关专利组件的侵权赔偿判定的相关规定和案例

考虑到标准必要专利许可费的确定与专利侵权案件中赔偿数额的确定基于类似原则，因此现有的涉及专利产品为零部件产品的赔偿判例或可提供相应的参考。

在我国现有的专利侵权案件中，很多侵权的专利产品事实上是一个终端产品的零部件。对于该类案件的赔偿数额，需参照《最高人民法院关于审理侵犯专利权纠纷案件应用法律若干问题的解释》第 16 条[1]进行确定。根据该条规定，“侵犯发明、实用新型专利权的产品系另一产品的零部件的，人民法院应当根据该零部件本身的价值及其在实现成品利润中的作用等因素合理确定赔偿数额。”其中，所谓零部件本身的价值，是指其在市场上的销售价格；所谓零部件在实现成品利润中的作用，是零部件对终端产品所获得利润的贡献大小。[2]

该条并没有直接规定以专利零部件的价格为损害赔偿的计算基准，更没有将专利零部件的价格和许可费的数额联系起来。但这种规定的模糊很大程度上是由于我国《专利法》中专利侵权损害赔偿的体系所决定

[1] 《最高人民法院关于审理侵犯专利权纠纷案件应用法律若干问题的解释》（法释〔2009〕21号）第 16 条：人民法院依据专利法第六十五条第一款的规定确定侵权人因侵权所获得的利益，应当限于侵权人因侵犯专利权行为所获得的利益；因其他权利所产生的利益，应当合理扣除。侵犯发明、实用新型专利权的产品系另一产品的零部件的，人民法院应当根据该零部件本身的价值及其在实现成品利润中的作用等因素合理确定赔偿数额。侵犯外观设计专利权的产品为包装物的，人民法院应当按照包装物本身的价值及其在实现被包装产品利润中的作用等因素合理确定赔偿数额。

[2] 尹新天．中国专利法详解：缩编版［M］．北京：知识产权出版社，2012：573.

的。根据《专利法》第65条[1]，侵犯专利权的赔偿数额首先按照权利人因被侵权所受到的实际损失确定；实际损失难以确定的，再按照侵权人因侵权所获得的利益确定；前述两者均难以确定的，法院才会参照该专利许可使用费的倍数合理确定。在这种计算体系下，法院更倾向于用实际损失和侵权获利来计算赔偿数额。而在大部分的专利侵权案件中，一般倾向于给出最终的赔偿数额，并不会对确定过程进行详尽的分析。

尽管如此，在一些关于专利零部件的案件中，法院依据上述司法解释第16条的精神，在判决中直接说明侵权损害赔偿应该基于该零部件的价值和对终端产品的利润贡献。例如，重庆合盛工业有限公司与重庆汇田机械制造有限公司、聚康农机有限公司侵犯专利权纠纷案[2]中，涉案专利为“多功能农用微型耕作机”实用新型专利，该专利的权利要求1和权利要求2被宣告无效，而被维持有效的权利要求3仅对应该耕作机的离合器，重庆市高级人民法院在计算侵权损害赔偿时认为，“被告获利不能以整台农耕机的价格或利润为基础，而应以权利要求3所对应的离合器在整机中所占比重为基础”。而在其他的案例[3]中，终端产品包括蚊香、拖把（包括脱水桶）或LED灯，其涉案专利对应的零部件分别为蚊香盒、脱水桶或电路盘，在这些案例中法院均支持了依据该零部件的利润来计算侵权损害赔偿。

综上所述，尽管《最高人民法院关于审理侵犯专利权纠纷案件应用法律若干问题的解释》和一些专利侵权案例已经给法院判定合理的许可费计价基础提供了基本原则与解决思路，但我国现阶段关于标准必要专利许可纠纷的案件中，并没有太多关于许可费计价基础的分析和讨论。

---

[1] 《中华人民共和国专利法》第65条：侵犯专利权的赔偿数额按照权利人因被侵权所受到的实际损失确定；实际损失难以确定的，可以按照侵权人因侵权所获得的利益确定。权利人的损失或者侵权人获得的利益难以确定的，参照该专利许可使用费的倍数合理确定。赔偿数额还应当包括权利人为制止侵权行为所支付的合理开支。权利人的损失、侵权人获得的利益和专利许可使用费均难以确定的，人民法院可以根据专利权的类型、侵权行为的性质和情节等因素，确定给予1万元以上100万元以下的赔偿。

[2] 重庆合盛工业有限公司与重庆汇田机械制造有限公司、聚康农机有限公司侵犯专利权纠纷案［（2010）渝高法民终字第148号］。

[3] 福建省金鹿日化股份有限公司与晋江金童蚊香制品有限公司专利侵权纠纷上诉案［（2005）浙民三终字第150号］；嘉华金属（上海）有限公司与江孝宏等侵害实用新型专利权纠纷上诉案［（2012）沪高民三（知）终字第80号］；黄华超与重庆城外城投资有限公司、重庆城外城投资有限公司灯饰批发城侵害实用新型专利权纠纷案［（2015）粤知法专民初字第1278号］。

换言之，在我国的法律规定和司法实践上，就这一问题，存在一定的法律空白。

四、考虑参照美国的司法实践来填补中国法项下在标准必要专利的许可费计价基础这一问题的法律空白

近年来，美国法院对于确立标准必要专利合理的许可费计价基础，展现出如下趋势。

（一）对于“整体市场价值规则”（Entire Market Value Rule）的适用进行限制

标准必要专利的持有人在许可费收取时所依据的终端产品的整体市场价值这一概念，最早可追溯至美国法院在确立专利损害赔偿时所采用的“整体市场价值规则”（Entire Market Value Rule，EMVR）。但时至今日，EMVR 仅在某些专利技术能够单独达成和满足被诉终端产品的整体市场需求的案例中，方能有限适用。[1]

EMVR 最初来源于美国联邦最高法院 1884 年的 Garretson 诉 Clark 案[2]。在该案中，就被告的获利和专利权人的损失，法院要求在产品的专利特征和非专利特征间进行区分，除非该产品作为一个可销售的物件，其整体价值可以合理且合法地归因于该专利特征。可见，EMVR 规则的初衷是基于专利权人仅能依据其专利获得利润或赔偿。随后，美国法院开始适用这一规则来确定合理的许可费。在 1995 年的 Rite-Hite 案[3]中，法院认为如果要适用产品的整体价值，非专利组件必须和专利组件进行功能上的结合以得到预期的产品效果，强调不同组件之间要结合成功能

---

[1] See SIDAK J G. The Proper Royalty Base for Patent Damages [J/OL]. Journal of Competition Law & Economics, 2014, 10 (4): 989, 997. https://www.criterioneconomics.com/docs/emvr-entire-market-value-rule-proper-royalty-base-for-patent-damages.pdf.

[2] Garretson v. Clark, 111 U.S. 120 (1884).

[3] Rite-Hite Corp. v. Kelley Co. Inc., [EB/OL]. 56 F.3d 1538, 1549-50 (Fed. Cir. 1995) (citing and quoting Garretson at 1549).

上的单元。[1] 这一规则的适用，给专利权人主张以终端产品来计算专利损害赔偿或专利许可费留下了很大的空间，从而有大量的案例支持了专利权人的前述主张。

但是随着技术的发展，专利权人基于部分专利而针对诸如电脑和手机等多功能、复杂产品主张基于整体市场价值获赔，其不合理之处愈发显现。在2009年的康奈尔大学诉惠普公司案[2]中，被诉专利为用于计算机处理器中的方法专利，该处理器被用于惠普的服务器和工作台中，对于原告以该服务器和工作台的销售收入作为许可费计价基础的主张以及之后所提出的以CPU模块的价值作为许可费计价基础的主张，法院认为终端产品和CPU均包括大量未侵权的专利，而原告也未满足法院在该案中所设定的适用EMVR的证明标准。该标准包括：①侵权组件必须为消费者购买整台设备（包括超出所主张专利范围的部件）的需求基础；②各侵权组件和非侵权组件必须一起售卖而构成功能性单元或完整设备的一部分或多个部分的单独集合；③各侵权组件和非侵权组件必须与一个单独的功能单元类似。通过这一标准，法院在之前的司法实践的基础上，提高了适用EMVR的举证标准。而随后，法院又在该案中第一次提出了采用“最小可销售专利实施组件”的价值来作为许可费的计价基础的观点，法院认为：“符合逻辑和可行的选择是与所主张发明紧密联系的最小可销售侵权单元，即该处理器本身。”

自该案后，近年来，美国联邦巡回法院提高了适用EMVR的举证责任，使专利权人使用终端产品的价值作为许可费计价基础来计算某个侵权零部件的专利侵权损害赔偿愈发困难。[3]

（二）在典型的专利案件和与标准必要专利相关的案件中适用最小可售单元的规则

随后，美国法院在一系列案件中采用了以最小可售单元的价值作为

---

[1] Farewell, Entire Market Value Rule [EB/OL]. https://www.law360.com/articles/634837/farewell-entire-market-value-rule.

[2] Cornell University v. Hewllett-Packard Co., 609 F. Supp. 2d 279, 283. (N.D.N.y. 2009).

[3] See SIDAK J G. The Proper Royalty Base for Patent Damages [J/OL]. Journal of Competition Law & Economics, 2014, 10 (4): 989, 997. https://www.criterioneconomics.com/docs/emvr-entire-market-value-rule-proper-royalty-base-for-patent-damages.pdf.

许可费计价基础的方法，特别是在 2012 年的 LaserDynamics 公司诉 Quanta 电脑公司案[1]中，美国法院进一步限制了 EMVR 的适用和确立了使用最小可售单元的合理性。该案中，原告主张被告所生产的笔记本电脑的光盘处理器侵犯了其一项关于光盘识别的方法专利，进而主张基于该笔记本电脑的整机价格来计算许可费。在该案中，法院认为采用 EMVR的方法，首先，由于许可费的计价基础——终端产品中含有各种专利组件和非专利组件，而判定具体的专利所贡献给终端产品的价值较难。简言之，采用终端产品价格作为许可费计价基础提升了确定合理许可费率的难度。其次，当专利技术所对应的是复杂产品的小部件时，以终端产品的价格来计算许可费有过度补偿专利权人的风险。最终法院认为当专利技术所对应的是复杂产品的小部件时，许可费应基于“最小可销售专利实施单元”（the smallest salable patent-practicing unit）来计算，而非终端产品的整体价值。该案后，法院确立了除非专利权人能够证明其专利特征能够单独驱动消费者对多组件终端产品的需求，否则许可费的计价基础应当由最小可售专利实施组件的价值来确定的规则。特别是在举证责任上，该案法院认为单纯证明缺乏该组件消费者就不会购买该产品也不等于能够证明该组件能够单独驱动消费者对终端产品的需求。自此 EMVR 变成了适用范围极窄的例外规则而被打入“冷宫”，进一步确立了最小可售单元原则的地位。

而针对标准必要专利，美国法院已经将基带芯片或 Wi-Fi 芯片视作最小可售单元来决定符合 FRAND 原则的许可费，而非适用许可交易的双方在先前许可中所采用的以终端产品价格作为许可费计价基础的计算方法。

在 re Innovatio IP Ventures 案[2]中，原告基于其关于 Wi-Fi 的标准必要专利组合而主张被告的多个带有 Wi-Fi 功能的设备侵权。原告主张以被诉各种终端设备的销售价格作为许可费计价基础来计算许可费，其中原告的一个重要论点是其专利组合中的很多专利的权利要求，均撰写成涉及除 Wi-Fi 芯片外的其他设备，包括处理器、连接点、广播等，故而单纯凭借 Wi-Fi 芯片不可能实施这些专利。但是被告却提供了证据证明该标准

---

[1] LaserDynamics, Inc. v. Quanta Computer, Inc. 694 F. 3d 51, 66 (Fed. Cir. 2012).

[2] In re Innovatio IP Ventures, LLC, Patent Litigation, 921 F. Supp. 2d 903 (2013).

的所有技术特征均可以通过 Wi-Fi 芯片来实施，且针对所有原告专利权利要求中提到的设备，其运行 Wi-Fi 功能的方法和指示都包含在 Wi-Fi 芯片内。最终，法院认为该案中合理的许可费计价基础是 Wi-Fi 芯片，安装进电子设备的 Wi-Fi 芯片是给该设备提供 Wi-Fi 功能的最小的模块。

而承载蜂窝通信标准必要专利的核心部件——基带芯片，同样在 GPNE 诉苹果案[1]中被法院视作最小可售单元来确立合理的许可费。该案中原告依据两项有关 GPRS、EDGE 和 LTE 通信制式的专利，起诉被告苹果公司的带有蜂窝通信的产品侵犯其专利权。对于以终端设备还是以基带处理器作为最小可售单元，双方存在争议。原告主张终端产品作为最小可售单元的依据有两点。一是其认为最小可售单元必须是被告所销售的物品，而非来自第三方。这种说法由于完全没有法律和案例上的依据未被法院采纳。二是涉案专利权利要求指向的是整个终端设备，而非芯片，这意味着基带处理芯片不能实施涉案专利的所有技术特征。法院认为，接受原告的上述观点意味着允许专利撰写人通过在撰写专利时涵盖终端产品，就能简单地抛弃最小可售单元规则。法院最终认为，基带处理器是该案中的合理的最小可销售专利实施单元。所主张专利的权利要求描述终端产品并不能妨碍直接实施发明的部件作为最小可销售专利实施单元而被视为合理的许可费的计价基础。

综上可知，美国法院在确定合理的标准必要专利许可费率上已经有了成熟的司法实践，即通过适用最小可售单元原则，以实施相关专利的芯片、处理器或其他组件的价值作为许可费的计价基础。他山之石，可以攻玉。特别是在我国现阶段标准必要专利相关案件的法律和实践经验较少的情况下，美国的做法值得借鉴。

（三）提倡我国法院在审理标准必要专利的相关案件中考虑适用最小可售单元规则

由于庞大的市场体量，我国近年来已经成为标准必要专利持有人和实施者争夺下游产品市场利润的主战场。近年来我国法院先后受理了众多备受瞩目的相关案件，涉及标准必要专利领域的前沿的问题和如何确定符合 FRAND 原则的许可费。无论是从国外的司法实践中，还是从学术理论中，我国法院在裁判时都亟须得到合适的指导与参照，其作出的

[1] GPNE Corp. v. Apple, Inc., Not Reported in F. Supp. 2d (2014).

判决可能会改变标准必要专利许可市场长期以来的实践。依据我国的法律和案例，基于我国标准必要专利许可市场的现状，非常提倡在标准必要专利的相关案例中参照适用美国司法实践中最小可售单元原则，考虑以芯片、处理器或其他实施标准必要专利的零部件为合理的许可费计价基础。重点从以下几个维度考虑。

1. FRAND 原则的内在要求

为了平衡专利权人和标准实施者的利益，国际上的主要标准化组织纷纷通过制定各自的知识产权政策，尽可能鼓励成员披露标准中涉及的必要专利，在长期的实践中形成了 FRAND 原则。❶ 这一原则具有一定的抽象性，但反映在许可以及司法实践中，是要求标准必要专利权人就其技术贡献获得应有的对价和报酬，不能借用标准化所带来的锁定效应（Lock-in Effect）获得超出公平、合理的范畴，或歧视特定的被许可人或产品。

可以看出，FRAND 原则实际上和最小可售单元原则有相同的内在逻辑。FRAND 原则要求提供给标准必要专利实施者一个公平、合理和无歧视的许可费，其目的在于保证专利权人在其知识产权方面的投资获得合理回报的前提下，防止标准必要专利权人利用其优势地位获得过高的报酬。而这一原则和考量，已经在诸多关于标准必要专利的案件中被法院反复提及和论述。这意味着标准必要专利的持有人仅仅能够获得产品中归因于其专利技术的权益。若放任标准必要专利的持有人使用终端产品的整体价值作为计价基础，则会造成过高以及歧视性定价，即上述所说的许可费膨胀和差别待遇，明显违背 FRAND 原则。实际上，我国的通信主管部门和专家已经将许可费的“计算基础合理”❷ 作为讨论 FRAND 问题时的一个角度提出。

FRAND 原则和最小可售单元原则的核心要求均在于：专利权人的最终合理回报必须基于该专利技术带给终端产品的增值。以整机作为计价基础难以在现代多功能产品市场适用，究其原因在于，如手机这样的产品已经成为多种专利和非专利特征的集合，虽然蜂窝通信仍然是其中的

---

❶ 标准必要专利：专利中的战斗机［EB/OL］. http：//www. chinaipmagazine. com/journal-show. asp? id=1833.

❷ 舒文琼. FRAND 原则：国际专利竞争的通行准则［EB/OL］.（2011-05-09）. http：//zhuanti. cww. net. cn/news/html/2011/5/9/201159938177641. htm.

关键技术特征，但是其已经不能单独承载该产品的市场需求。当然，这里并不否认通信技术对于终端产品依旧具有必要性，但其专利权人仅仅能依据该技术对终端产品的技术贡献来分享权益，而非攫取其他功能特征所带来的增值。

2. 解决现阶段产业实践中所存在的问题

适用最小可售单元原规则相较于其他方法更能够解决目前许可实践中存在的过高、歧视性定价的问题。现有的产业实践已经引发标准必要专利权人以及实施者之间的剧烈冲撞，且脱离了产业发展的现状和方向。法院在判定真正符合 FRAND 原则的许可费计价基础时，无须被现有的不合理的实践所束缚。而事实上，法院也无法在错误的许可费计价基础上得出符合 FRAND 原则的许可费数额，标准必要专利的实施者更无法在弱小的市场地位中达成符合 FRAND 原则的许可费条款。

标准必要专利权人主张，合理的许可费总额能够通过较高的许可费计价基础和较低的许可费率而得出，但正如前文所述，由于终端产品的价格是零部件价格的几十倍，被许可人很难在许可谈判中获得如此之低的许可费率。而法院在裁判时，也很容易忽视终端产品大量销售所带来的庞大的许可费基础，而满足于许可费率的略微下调，最终得出并不合理的许可费。由于美国采用的是陪审团进行事实判定，这种风险在美国的司法实践中已经被法院所认识并讨论。而通过采用高许可费计价基础和低许可费率的方法也根本无法解决不同价格的终端产品间的差别待遇问题。而这种差别待遇，恰恰是不符合 FRAND 原则的，故而基于高许可费计价基础的其他计算方法，并不如先通过最小可收费单元确定一个合理的许可费计价基础的方法可行。

而一旦适用最小可售单元原则，对于手机来说，实施 Wi-Fi 或者蜂窝通信标准必要专利的芯片，毫无疑问是最小可销售专利实施单元。尽管标准必要专利的持有人在专利撰写时通常会扩大专利的范围而将终端产品涵盖进其中，但这并不能改变芯片本身就可以实施核心专利特征的事实。在现有的手机产业链中，芯片是由芯片制造商单独制造。其从设计、生产到装配，均是作为一个独立于手机整机的零部件而存在，与手机其他零部件的生产处于并行的产品链。若产业实践中就其他零部件的技术许可与销售可以脱离整机，则没有理由将部分种类的芯片区别对待。而如果仅仅因为标准必要专利的持有人扩大专利权利要求的撰写范围以包含终端产品，就允许其以整机的价格或利润来收取许可费，则无异于鼓励专利申请人用专利文件的撰写方法来规避其应当承担的 FRAND 义务，给整个专利申请行业也会带来不良的影响。

美国法院已经接受芯片可脱离于整机构成专利产品，且在首次销售时造成相关专利技术的权利用尽，在此情况下，以专利产品本身的价值作为计价基础，将其利润的合理份额作为专利许可费用甚是合理。在 Quanta 诉 LG 案[1]中，LG 许可 Intel 制造和销售使用 LG 涉案专利的微处理器和芯片，Quanta 从 Intel 那购买了微处理器和芯片组，通过将 Intel 产品与非 Intel 的内存和总线以实施 LG 专利的方式相结合而制造电脑。美国联邦最高法院认为，Intel 销售体现涉案方法专利实质技术特征的零部件产品构成专利权用尽，纵使该方法专利采用了覆盖终端产品即整机撰写的方式。该案说明了法院在审理相关方法专利的案件时，并非依据方法专利权利要求撰写时所涵盖的范围，而是需要审查终端产品中的芯片及其他重要零部件在专利实施中的实质性作用和地位来确定实施专利的组件。而在许可市场上，如果认为终端产品的制造商在购买芯片时相关标准必要专利已经用尽，那么标准必要专利持有人基于整机价格或利润进行收费的合理性就更加薄弱，其本质是基于市场支配地位而迫使被许可人接受的不公平的许可费用。

综上，采用包括芯片在内零部件为最小收费单元作为许可费计价基础的方法，相较于其他方法而言，在满足 FRAND 原则的要求上更为可行，且能够更正现有的计价基础所带来的问题。

3. 符合专利法的立法精神

我国专利侵权赔偿的基本原则是补偿性原则，专利侵权损害赔偿应以权利人受到的实际损失为限。权利人得到的赔偿应当与其受到的实际损失（包括直接损失和间接损失）相当，不能超过其所受损失。[2] 其立法考虑是防止恶意诉讼人从诉讼中获利，因而在立法和司法中都尽量避免对专利权人进行过度补偿。故而对于专利组件的补偿应严格限制在其对终端产品的贡献范围内。如果我国法院允许标准必要专利持有人基于复杂和多功能产品的整体价值来收取一定比例的许可费，则将会给予专利

[1] Quanta Computer Inc., et al. v. LG Electronics, Inc., 553 U.S. 617, 631 (2008).

[2] 尹新天. 中国专利法详解：缩编版 [M]. 北京：知识产权出版社，2012：565.

权人超出其贡献的回报。这会直接导致，在以许可费作为参照计算专利侵权损害赔偿时，违背专利侵权赔偿的补偿性原则。同时，基于标准必要专利许可市场的现状和蜂窝通信的标准必要专利持有人的强势地位，法院的前述做法所产生的最坏后果是，在其他的专利权人开始遵循最小可售单元原则来进行许可费的计算，以其零部件的价值来收取许可费时，蜂窝通信的标准必要专利持有人可能仍然可以坚持其不公平的许可费计价方法，从而造成蜂窝通信的标准必要专利持有人实际上攫取了其他所有相关专利权人和零部件制造商所本应享有的利益这一恶果。

同时，采用整机收费的方法将许可费谈判和争端的对象从单一的零部件，扩展到了利润极其丰厚的整机市场，有较高的许可费计价基础，在诉讼中获得较高的赔偿的概率得到大大提升，这给近年来不断出现的“专利流氓”们打开了方便之门。这种许可费计价方法，诱使“专利流氓”们将目标瞄准众多知名品牌的手机生产商，一旦诉讼成功，便可以基于其终端产品的销售额获得丰厚的回报。实际上，近年来，无论是在全球范围内，还是在我国，非实施实体（Non-Practicing Entities，NPE）所发起的诉讼一直呈高发趋势。在我国现阶段大量手机相关通信专利都依赖许可的背景下，在我国专利侵权赔偿额逐步增加的前提下继续坚持整机收费，无疑会鼓励更多的“专利流氓”在相关领域进行布局，相关的诉讼会进一步增加，从而使政策的制定和现行的判决并不能发挥“定纷止争”的作用，而是进一步让诉讼成了“专利流氓”的工具。[1] 这与专利法的立法精神也是不相符合的。

4. 促进行业良性发展，提高国产厂商在产业链中的地位，实现利益平衡

适用最小可售单元原则并不会打乱相关行业的正常秩序，更不会影响行业的发展。如图2所示，在采用芯片价格作为许可费计价基础后，由于芯片制造商有芯片销售的完整数据，标准必要专利的持有人可以转而向芯片制造商收取许可费，而芯片制造商可以通过提高芯片的销售价格来补偿其支付的许可费。芯片销售构成标准必要专利技术的权利用尽，因此标准必要专利权人无权再继续向终端产品制造商收取许可费用。

---

[1] 刘勋．别让诉讼成“专利流氓”的工具［N］．法制日报，2015-06-05．

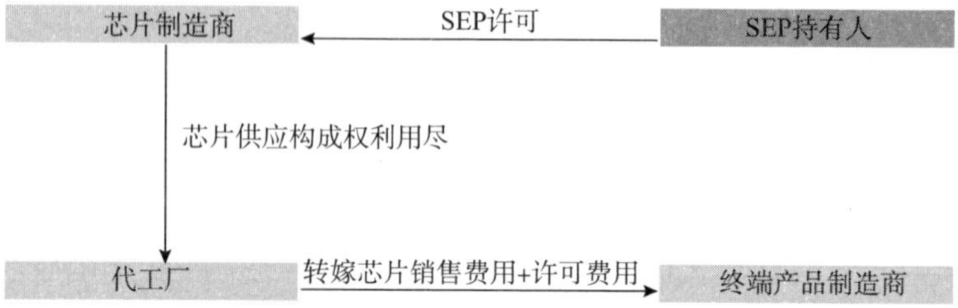

图 2　以芯片作为计价基础的标准必要专利许可交易

这与之前的行业实践并无本质的不同，因而不会影响行业的秩序和发展。并且，在标准必要专利的持有人获得合理回报的前提下，终端产品制造商和其他相关专利权人的利益都得到了保障，更有利于行业的良性发展。而这一模式的改变，会减轻国产终端产品生产商的负担，提升芯片制造商、代工厂在交易中的话语权，让行业利润在在各市场参与者间合理分配，有效降低行业内的争端和诉争，建立新的行业秩序，最终标准必要专利持有人也可以从中获益。

（四）现有的反对适用最小收费单元原则的观点并不适用于我国的标准必要专利许可市场

虽然最小收费单元原则已经在国外有成熟的司法实践，但不可否认的是，理论界依然存在部分反对的声音。但是，依据我国现阶段的标准必要专利许可市场的现状，这些观点都难以使人信服。

1. 行业惯例和行业秩序并不能成为专利权人滥用其专利权和市场支配地位的挡箭牌

标准必要专利持有人用以攻击最小收费单元原则的重要依据是主张这种做法与现有的实践不符。但是，正如前文所述，首先，采用整机收费的计费方法本身并非由许可协议的相关方合理协商得出，其能够一直存在是由于标准必要专利持有人的市场支配地位。故而法院要适用这一“行业惯例”之前，必须考察其合理性。如果不合理，则法院有责任以及权力修正这一“行业惯例”。国外的司法实践已经证明，为确定符合FRAND原则的许可费，法院创设的是一个虚拟的公平许可环境，而非现有的行业实践，行业惯例并不是法院在确定合理许可费时所应当考虑的因素。

如前所述，适用最小收费单元原则不会扰乱行业秩序，而是将许可市场存在的利益在相关方之间进行合理的分配，从而达到利益平衡的目的。实际上，对行业秩序本身就应该随着行业的发展进行动态的解读。以通信技术标准和专利的发展来看，我国企业在这 10 年的发展可以用迅猛来形容。4G 时代，中国移动自主研发的 TD-LTE 标准成为全球通行的 4G 标准之一，可谓在标准必要专利方面取得了质的飞跃。这标志着中国在全球通信领域的标准制定中在一定程度上掌握了领导地位，并获得了一些话语权。[❶] 而与此同时，华为、小米、中兴等国产手机制造商的研发能力和研发投入也不断加强，国产手机已远非早年简单的组件拼装或模仿的“山寨产品”，手机制造商在智能手机上除通信功能外的其他多种功能上所附加的价值越来越大。这一背景，才是法院在裁判时所应当考虑的“行业秩序”，继续默许整机收费的方法，无异于变相维持了国际专利巨头所建立的现有的不合理的利润分配体系，无视众多国产手机生产商对于整个市场发展所作出的贡献。更为重要的是，如果在判决中承认该行业惯例而缺乏合理性的分析，无异于适用了“存在即合理”的逻辑，其荒谬之处，一目了然。

2. 以最小收费单元作为许可费计价基础，标准必要专利持有人仍然可以获得合理的回报

标准必要专利持有人坚持以整机收费的另一个重要原因，是主张其在标准必要专利的研发过程中投入较大，应当允许其收取合理的回报，而采用包括芯片在内的零部件的价格或利润作为许可费的计价基础，无法补偿其研发专利的投入。然而这并非必然结果。据相关研究，一台价值 400 美元的智能机，其为 LTE 蜂窝功能所支付的许可费就高达 60 美元，但实施该功能的基带处理器的售价仅为 10～13 美元。[❷] 标准必要专利权人完全可以通过提高芯片价格的方法获得合理的报酬。然而，之所以人为压低芯片售价，目的在于向终端产品制造商环节收取过高的许可费用，造成的后果就是芯片制造商和其代工厂被剥夺更多的价值。

---

❶ 标准必要专利：专利中的战斗机［EB/OL］. http：//www. chinaipmagazine. com/journal-show. asp? id=1833.

❷ ARMSTRONG A，MUELLER J J，SYRETT T D. The Smartphone Royalty Stack：Surveying Royalty Demands for the Components Within Modern Smartphones［EB/OL］. http：//www. wilmerhale. com/uploadedFiles/Shared_Content/Editorial/Publications/Documents/The-Smartphone-Royalty-Stack-Armstrong-Mueller-Syrett. pdf.

我国现阶段正处于产业升级的关键阶段，从“中国制造”向“中国创造”转变的关键，就在于要在制度上激励众多的传统生产商、代工厂不断加大创新投入，从而提升在产业链上的话语权和产品的附加值。整机收费的方法与这一大的方针相背。而采用最小收费单元原则的方法，首先可以防止专利权人继续收取超出其专利贡献的超额收益，其次标准必要专利持有人仍然可以通过提高芯片的售价来收取其合理的许可费以作为补充。与之前的方法相比，这更加合理，也能充分保障各个市场参与者的利益。

3. “互补效益”不能被标准必要专利持有人独享

标准必要专利持有人还主张其专利的效益，不能单纯反映在某些零部件对专利的实施上，其作为专利权人，应该分享整机设备对各个零部件和专利共同配合和实施所产生的互补效益（Complementary Effect）。但是，这并不能充分支持标准必要专利持有人按整机收费的观点。特别是，无法解释相对于手机上数量众多的其他功能的相关专利，标准必要专利持有人为何能够以整机为基础攫取了大部分收益，这意味着即使存在所谓的互补效益，其收益也大部分被标准必要专利持有人所占有，进而挤占了其他专利权人的利益。而如本文之前的论述，通信功能在如今的智能手机上已并非唯一的核心功能，因而所谓互补效益的利益，其他功能的专利也应当同样享有，而其他功能的专利基本均以对应的零部件作为许可费的计价基础。对于标准必要专利持有人为何可以挤占和攫取他人的利益，这一观点也缺乏合理的论证。

五、结　论

在标准必要专利的司法裁判中，合理许可费的确定是最为关键和棘手的问题。我们法院不能简单地仅仅依赖现存的许可交易确定一个基准费率，进而得出武断的结论。法院所确立的许可费不仅应该是一个符合FRAND原则和反垄断法的合理区间，而且应当反映标准必要专利持有人和实施者双方的利益诉求。更为重要的是，合理的许可费应该代表专利对产品作出贡献的客观价值。

基于此，本文认为标准必要专利持有人坚持使用终端产品整体市场价值作为许可费计价基础有其历史原因和合理性，但是随着技术的进步，这种计算方法不仅面临合理性的丧失，甚至带来了诸多问题。而我国的相关法律和案例虽然没有具体论述这一问题，但给以芯片等重要零部件作为许可费计价基础的裁判方法，提供了一定的指导。而美国的相关实践已经明确抛弃了以整体市场价值为依据的做法，转而开始采用最小可售单元来作为许可费计价基础。基于此，综合我国标准必要专利许可市场的现状，提倡我国法院适用最小可售单元原则在相关案例中确定合理的许可费。这是现阶段最符合 FRAND 原则，也是最合理和可行的选择。

GUI外观设计专利无效案引发的关于外观设计专利制度的思考

马佑平[1]　杨国权[2]

摘　要

自2014年中国开放保护图形用户界面（GUI）外观设计专利保护以来，国家知识产权局受理并授权了数万件涉及GUI的外观设计专利申请。一方面，专利权人认为GUI专利可以成为维护自身合法权益的一个重要手段，故对此产生浓厚兴趣。另一方面，由于缺乏实践基础，业界对于GUI外观设计专利的确权和保护尚未形成一个清晰的认识。在本文中，从外观设计专利制度的初衷谈起，详细、深入地介绍了美国这个最早开放GUI外观设计专利保护的国家的外观设计专利的制度，涉及内容包括外观设计专利保护客体、侵权判断标准、新颖性和非显而易见性的判断标准等。最后，针对中国外观设计专利制度，尤其是GUI外观设计专利，文章从判断主体、判断方式、保护方式等方面提出了建设性的意见。

关键词

图形用户界面　GUI　外观设计　新颖性　非显而易见性　普通观察者测试法　一般消费者　设计空间　部分外观设计

[1][2] 作者单位：北京博遵律师事务所。

自 2014 年中国开放保护图形用户界面（GUI）外观设计专利保护以来，国家知识产权局受理并授权了数万件涉及 GUI 的外观设计专利申请。随着大量 GUI 外观设计专利的授权，GUI 外观设计专利的侵权诉讼和无效宣告也变得活跃起来。侵权方面，2017 年 12 月北京知识产权法院就 360 公司诉江民侵害外观设计专利权纠纷一案［（2016）京 73 民初 276 号］作出一审判决，法院未作侵权比对就认定被诉侵权软件不落入涉案专利的保护范围，判决驳回原告 360 公司的全部诉讼请求。该案堪称中国 GUI 外观设计专利侵权第一案，一审以原告的败诉而告终，GUI 外观专利设计的维权陷入了困境。无效方面，截至 2018 年 4 月，国家知识产权局专利复审委员会共受理了 7 件 GUI 外观设计专利无效宣告请求，其中有 6 件审结。这 6 件当中，4 件宣告专利权无效，1 件宣告部分无效，仅 1 件维持有效，无效比例之高令人错愕。究竟是这些 GUI 外观设计专利申请的质量太低，本就不应被授权，还是法律法规、审查指南对 GUI 外观设计专利的侵权和授权判断标准的规定缺乏可预见性，引发了笔者的思考。为此，笔者对美国这个最早开放 GUI 外观设计专利保护的国家的外观设计专利的制度进行了研究，试图从中找到一些思考方向。

一、提在前面的问题——外观设计专利制度设立的初衷

任何法律制度建立的初衷都是为了保护特定的社会价值或利益。只有对法律制度设立的初衷达成共识，才能在展开技术性问题讨论时找到应遵循的准则，否则，就会制定出脱离实际、违背常识的规则。因此，对于设立外观设计制度究竟保护了什么样的社会价值和利益，在商标、著作权、发明、实用新型等保护制度的概念之下，设立外观设计保护制度的意义何在，成为需要首先讨论的问题。

一般认为，随着工业社会的发展，物质财富的不断丰富，追求产品或商品的实用功能已经不再是人类的唯一需求，产品或商品的美学功能在满足人们需要方面的重要性逐步提高，各种因素导致产品设计上显现出区别化的特征，也增进了消费和市场的需求，从而最终产生了“工业品外观设计”。工业品外观设计是装饰性与功能性相结合的产物。工业品外观设计的独特属性使之和其他知识产权之间存在多重交叉，比如，工

业品外观设计有附着于工业产品的特性，这和用于标识产品来源的商标权在权利承载的载体上具有重合；又如，工业品外观设计是装饰性与功能性相结合的产物，这使得它与著作权当中具有实用性、艺术性、独创性和可复制性的实用艺术品在载体和某些属性上都具有重合；再如，工业品外观设计所具备的功能性，与发明和实用新型等保护具有特定功能的技术方案方面也有重合。因此，厘清工业品外观设计制度与其他知识产权制度的区别，确定其相较于其他知识产权制度而言所保护的独有的社会价值和利益，变得十分重要。

带着这个问题，本文将在介绍美国专利保护制度的基础上对外观设计专利制度设立的初衷进行探讨，并提出对中国外观设计专利的授权审查标准乃至侵权判断标准的借鉴意义。

二、保护客体和部分外观设计

《美国专利法》第 171 条规定：“任何人发明新的、原创性的和装饰性的应用于工业产品的外观设计，可依据本法的规定和要求获得专利。”该条款规定了外观设计专利是保护应用在工业产品的设计，而不是产品本身。即外观设计专利保护的客体是设计，而产品是设计的载体。且在 In re Zahn 案中，美国关税及专利诉讼法院进一步确认，外观设计专利保护的是应用在产品上的设计，设计可以应用在整个产品或是应用在产品的部分上。此后，美国专利商标局（USPTO）修改了审查指南，明确“外观设计是指包含于或应用于工业产品（或其部分）的外观设计，而非产品本身”，从而正式引入部分外观设计保护制度。

这为后来将 GUI 纳入外观设计专利保护奠定了基础。GUI 外观作为产品在通电状态下形成的界面被认为有两个显著特点：一是界面显示具有通用性，在不同的显示载体上，例如不同尺寸的电脑屏幕或不同型号的手机上，会显示相同的图像；二是非固定可见，即需要在通电状态下才能显示，且界面会动态变化。因此，要将 GUI 纳入外观设计专利保护就必须对计算机形成图像的通用性保护问题和非固定可见设计的保护问题给予确认。第一个问题，即界面显示具有通用性的问题，已经在 In re Zahn 案中得到解决。美国在外观设计专利制度中引入部分外观设计使得以包含于或应用于不同产品载体（如电脑/手机等）的部分外观设计（屏幕显示的图像）作为保护客体成为可能，这与界面显示具有通用性的特点相符。而第二个问题，即非固定可见设计的保护问题，经过 In re Hruby、Ex parte Strijland 和 Verizon 公司外观设计专利申请等多个案例的推动，最终得到解决。相关判例认为计算机形成图像虽然不是固定可见的，需要在一定条件下才能显示，但本质上仍然是以工业产品为载体的，因此符合《美国专利法》的规定，可以获得专利权的保护。自此，美国 GUI 外观设计专利的制度性障碍得以扫除。

三、授权标准判断原则

在美国，适用审查发明专利的法条来评价外观设计，具体来说就是《美国专利法》第 102 条（新颖性）和第 103 条（非显而易见性）。

（一）新颖性

在外观设计新颖性判断中遵循的唯一标准是“普通观察者测试法”。它既是授权过程中的新颖性判断的唯一标准，也是侵权判断的唯一标准。当然美国在不同阶段也采用过不同的测试标准，例如曾采用的新颖点测试法，但最终仍回归了普通观察者测试法。普通观察者测试法是指，在普通观察者眼中，单个对比文件必须在所有实质方面与请求保护的外观设计专利相同，才能导致请求保护的外观设计专利不具备新颖性。[1] 普通观察者测试法要求：在普通观察者的眼中，当施以购买者的一般注意力的情况下，两个外观设计实质相同。如果两者之间的相似度足以欺骗乃至诱导观察者本意购买其中一个外观设计产品的情况下，而最终购买了另一个时，后一个外观设计则构成对在先授权的外观设计的侵权。（在授权过程中，申请专利的外观设计与另一项现有设计相比不具备新颖性）。[2]

采用普通观察者测试法的主要目的是保护被授予专利权的外观设计所实际占据的竞争市场。[3] 这也是美国外观设计专利制度的一个根本出发点。因此，该测试法主要关注潜在购买者，这就意味着判断主体的标准是普通观察者而不是专家。一旦在普通观察者眼中会由于外观的欺骗导

---

[1] Hupp v. Siroflex of America Inc., 122 F. 3d 1456, 43 USPQ2d 1887 (Fed. Cir. 1997).

[2] Gorham Mfg. Co. v. White (81 U. S. 511, 528 (1871)).

[3] OAKE R G, Jr. Design Patent Perspective: The Ordinary Observer Test: Part 3 [J]. Intellectual Property Today, 2011 (9).

致误购，那么就意味着外观设计专利所实际占据的竞争市场被侵犯，因此构成侵权。

普通观察者测试法有两个要求：①整体比对。即将每个设计作为整体来比较，而不能仅比较各个设计元素而不考虑其在整体外观中的作用。[1] 尽管专家通过并排对比两项设计能够找出具体的区别，如果普通观察者认为被诉侵权外观就是专利外观，因为被诉侵权的外观设计与专利外观设计在整体视觉效果上基本相同，则侵权成立。在适用普通观察者测试法时需要判断欺骗是由整体外观的相似而造成的，而非单个独立的装饰特征的相似。[2] 必须要注意整体侵权测试不能够在考虑各种设计元素的功能之下转变为逐个元素的比较。②考虑现有设计。普通观察者要在了解相关现有设计的背景下比较两个设计，来确定专利保护的外观设计相对于现有设计的视觉效果的显著差异（Distinctive in Appearance）（考虑视觉印象最深刻的部分，Most Impressive to the Eye）在哪里，两个设计（专利设计和侵权设计/申请设计和单篇对比设计）是否在实质程度上都具有这个视觉效果的显著差异。[3] 虽然需要考虑单独的设计元素，但最终的标准仍然是被诉侵权的外观设计与专利外观设计在整体视觉效果上基本相同。

在美国，普通观察者是否被欺骗的判断在很大程度上依赖于专家证言和其他举证。例如在 Gorham 案中，多个专家提供了基于单独比对的对比分析意见，例如一个专家证实普通观察者是在桌子的一端观察外观设计专利后到桌子的另一端观察被控侵权外观（又称两端桌子法），另一个专家证实虽然两个外观设计的图案不同，但是普通观察者在分别观察两者之后，会将两者搞混。最终专家证实 10 个消费者中的 7 人会将两个外观设计混同，从而确认侵权成立。

（二）非显而易见性

外观设计非显而易见性判断遵循《美国专利法》第 103 条的规定，

---

[1] Seaway，589 F. 3d at 1243，93 USPQ2d at 1008；Egyptian Goddess，543 F. 3d at 677，88 USPQ2d_1667.

[2] Amini Innovation Corp. v. Anthony California Inc.，439 F. 3d 1365，1371 [78 USPQ2d 1147，1151] (Fed. Cir. 2006).

[3] Seaway，589 F. 3d at 1239-40，93 USPQ2d at 1005，quoting Egyption Goddess Inc. v. Swissa Inc.，543 F. 3d 665，676，88 USPQ2d 1658，1666-67 (Fd. Cir. 2008) (en banc).

即虽然本发明不与其他人的发明完全相同，但如果两者之间的差别是这样：总体来说，本专利的主题对于该主题有关的技术领域的一般技术人员来说是显而易见的，则本发明不能被授予专利权。

可以看出在判断非显而易见性时，判断的主体是本领域的一般技术人员，对于外观而言就是有关领域的一般设计者。非显而易见性是指专利设计对于一般设计者而言是否非显而易见。[1] 同时，与新颖性判断不同的是，非显而易见性判断所采用的对比文献必须属于相同的产品类别。

美国的非显而易见性判断大致分如下两步：

步骤一：必须从一个客观存在的现有设计出发，而不能从对现有设计中的设计特征进行选择或组合而创造出来的一个设计出发。[2] 客观存在的现有设计是指：一篇现有设计，其整体视觉效果和设计特征与专利设计基本相同，而不能仅是一个设计概念，也即主对比设计。主对比设计是非显而易见性的基础和起点，没有主对比设计的存在，非显而易见性的判断根本无从谈起，即没有主对比设计作为起点，一般设计人员就不可能容易地获得专利设计。主对比设计必须和专利设计相似，以一个不相似的主对比设计作为基础是不恰当的，因为一般设计人员不会从现有设计中一个不相似的主对比设计出发设计出申请专利的这项外观设计，这是不符合逻辑的。[3]

步骤二：在主对比设计存在的情况下，判断一般设计人员是否在另一第二现有设计的激发或鼓动之下对主对比设计进行修改、替换、增加或删除特征从而得到专利设计，即第二现有设计中直接存在修改主现有设计的建议。[4]

组合的原则是：主对比文件与其他对比文件是否非常相关以至于在一个设计中出现的某个装饰性特征直接建议了该特征需要在另一个设计中进行应用。

非显而易见性的一个著名判例是 In re Borden 案。Borden 申请了一个容器的外观专利，后被 USPTO 驳回并提起驳回复审。在驳回复审决定中引证了 Bettix 容器，以及 Bettix 容器手册，手册上列明了 Freshn Tea

[1] In re Nalbandian，661 F. 2d 1214，211 USPQ 782（CCPA 1981）.

[2] In re Jennings，182 F. 2d 207，86 USPQ 68（CCPA 1950）.

[3] In re Rosen，673 F. 2d 388，391，213 USPQ 347，350（CCPA 1982）.

[4] In re Borden，90 F. 3d 1570，1572，39 USPQ2d 1524，1526（Fed. Cir. 1996）.

和 Costa 容器，FresshnTea 容器和 Costa 容器也是双室设计。所有三者均在上角有一个小腔室。事实上，Freshn Tea 容器列在 Bettix 容器手册中，明确说明它们可以作为制造商为客户提供的双室容器类型的一个例子。手册还列出了其他自定义变体的例子，包括“颈部变化”和“腔体大小”的变化，也就是 Borden 容器想保护的是从 Bettix 设计得到的变化类型。因此两篇现有设计符合——如此密切相关以至于某个装饰性特征的出现直接建议了该特征需要在另一个设计中进行应用的标准。也就是说，第二参考文献会向本领域的普通技术人员暗示，Bettix 容器的小室可以是通过使其侧面变直并使其在最宽处与主室宽度一致而进行修改。

可见，在非显而易见性的判断过程中，美国要求达到两项现有设计之间存在直接建议，这样结合的程度才叫存在结合的动机，而不能仅仅是存在这样结合的可能性的程度，也就是要达到“would”而不是“could”的程度。这实际上是和美国外观设计制度设立的根本出发点相匹配，即保护产品的外观设计的竞争市场。因为如果现有设计已经给出了结合的明确建议，为数众多的一般设计人员就会直接依照该建议改变主对比文件从而得到外观设计专利，如果允许这样的外观设计被授权，那么将会导致大量依照该明确建议对主对比文件进行改变的产品制造者侵权，这是不公平的。同时，对于那些割裂设计特征强行进行组合的情况是绝对禁止的。因为这直接超出了一般设计人员的水平，如果允许这样做，将会导致设计人员无从判断自己的设计是否可以在竞争市场得以保护，从而助长抄袭，打击设计改进的积极性，直接遏制设计的进步，慢慢将会导致市场竞争不足。

四、借鉴和思考

外观设计保护制度本就起因于早期竞争对手对附着于产品的新式设计的模仿。模仿的主体一般是竞争对手，模仿的对象是附着于产品的设计，不是某个标识来源产品的标记，也不是整个产品所实现的功能。因此，保护产品外观设计所限定的竞争市场成为外观设计制度设立初衷的应有之义，且美国也制定了实操性很强的步骤、测试方法来确保这个制度实施的合理性、客观性和严密性。例如，美国的新颖性和侵权判定原则——普通观察者测试法，就以被普通消费者误购作为产品外观设计所限定的竞争市场被侵犯的标准。在非显而易见性的判断中，也考虑了现有设计之间给予明确启示的情况应作为授予外观设计专利的禁地，因为该外观设计已经不存在值得保护的竞争市场。

在此基础上，深思中国外观设计专利授权和侵权判断原则，就会发现，我国外观设计专利法律规定的一些概念、定义和判断方法仍然需要在更深入、更客观的层面上作出规范，才能从技术实操层面上真正保护外观设计所限定的竞争市场。笔者试着在此提出这些容易引起争议的概念、定义和判断方法，以期引起广泛的讨论和思考。

（一）授权标准和侵权标准的判断主体——一般消费者

虽然我国外观设计专利的判断主体与也是与普通观察者类似的一般消费者，但是，根据《专利审查指南 2010》的规定，一般消费者需要对涉案专利申请日之前相同种类和相近种类产品的外观设计及其常用设计手法具有常识性的了解。这些常用设计手法包括转用、拼合、替换等类型。这样的一般消费者的定义已经超出了普通的产品购买者的范畴，兼具了设计人员的能力。特别是对于转用、拼合、替换等常用设计手法的了解如果不加限制，就会导致在更极端的情况下，这样的“一般消费者”可以突破一般设计人员成为专业设计人员。所以如何认定一般消费者的知识水平和认知能力的边界成为难题，而这一点通常也是无效或者是侵权诉讼案件中控辩双方必争但又必争不明白的问题。究其原因，是因为我们仅采用了一个判断主体的能力全盘适用于侵权比对、新颖性判断和创造性判断之中，但是不同的判断过程本质和目的是不同的，不可能也不应当由一个判断主体来承担。

（二）创造性的判断步骤——现有设计和现有设计特征的结合

我国的外观设计专利授权标准中也包括创造性判断，即《专利法》第 23 条第 2 款：授予专利权的外观设计与现有设计或者现有设计特征的组合相比，应当具有明显区别。根据法律的规定，不仅允许现有设计之间进行组合，也允许设计特征之间进行组合。然而，《专利审查指南 2010》中却没有像发明的“三步法”一样给出外观设计组合过程应遵循的具体步骤，这就导致在无效宣告审查过程中，无法避免地会发生一手拿着专利设计，一手拿着现有设计，从中抽取、分离设计特征，找到其与专利设计相对应的特征进行拼凑组合得到与专利设计近似的外观设计的情况，导致专利被宣告无效。再加上前面提到的判断主体——一般消费者的知识水平和认知能力难以给予客观合理的边界，就更加使得所有的现有设计/设计特征的组合方式都能够在审查指南或者司法解释中找到正当性和支撑依据。这一过程如果不加禁止，任何外观设计专利都存在被宣告无效的可能，这将极大地低估外观设计专利设计人员的创造和劳动。

（三）设计空间的大小

设计空间是指设计者在创作特定产品外观设计时的自由度。设计者在特定产品领域中的设计自由度通常要受到现有设计、技术、法律以及观念等多种因素的制约和影响。特定产品的设计空间的大小与认定该外观设计产品的一般消费者对同类或者相近类产品外观设计的知识水平和认知能力密切关联。对于设计空间极大的产品领域而言，由于设计者的创作自由度较高，该产品领域内的外观设计必然形式多样、风格迥异、异彩纷呈，该外观设计产品的一般消费者就更不容易注意到比较细小的设计差别。相反，在设计空间受到很大限制的领域，由于创作自由度较小，该产品领域内的外观设计必然存在较多的相同或者相似之处，该外观设计产品的一般消费者通常会注意到不同设计之间的较小区别。可见，设计空间对于确定相关设计产品的一般消费者的知识水平和认知能力具有重要意义。

《最高人民法院关于审理侵犯专利权纠纷案件应用法律若干问题的解释（二）》中引入了设计空间的概念，规定：人民法院在认定一般消费者对于外观设计所具有的知识水平和认知能力时，一般应当考虑被诉侵权行为发生时授权外观设计所属相同或者相近种类产品的设计空间。设计空间较大的，人民法院可以认定一般消费者通常不容易注意到不同设计之间的较小区别；设计空间较小的，人民法院可以认定一般消费者通常更容易注意到不同设计之间的较小区别。

可见设计空间是用来评判一般消费者的知识水平和认知能力的。设计空间的大小在实际判断过程中需要举证证明，但是实践中论证设计空间的大小存在难度。首先，设计空间大小的论证和判断没有可以遵循的客观标准，大都是主观判断，自由度太大。其次，论证设计空间小总比论证设计空间大要容易，因为设计空间小意味着特定产品领域中相同或相似的现有设计众多，设计自由度受限；而设计空间大意味着相同或相似现有设计不多，设计自由度大，证明一个事实的存在总比证明一个事实不存在要容易得多。

法律如果不对设计空间大小给出明确的判断原则，那么这个概念就会流于形式，一般消费者的知识水平和认知能力就会继续成为一个无解的问题。

（四）部分外观设计

在我国，2014年5月修改后的《专利审查指南2010》，明确将GUI纳入外观设计专利保护范围。然而，时至今日我国却并未将部分外观设计制度引入《专利法》之中，更没有明确最常见的软件开发者独立于产品而开发并提供带有GUI外观界面的APP软件的行为究竟如何定性，能否落入《专利法》第11条所规定的侵权行为之中。

没有部分外观设计制度作为基础的GUI外观设计专利，在专利维权上步履艰难。在360公司诉江民一案中，一审法院在判决中认为涉案的外观设计专利保护的主题是“带图形用户界面的电脑”，被诉侵权行为是被告向用户提供被诉侵权软件的行为。软件不属于外观设计产品的范畴，其与涉案专利的电脑产品不属于相同或相近种类的产品，因此被诉侵权软件不落入涉案专利的保护范围。且该案中用户实施的行为也仅为下载被诉侵权软件至电脑的行为，不存在制造、许诺销售、销售电脑等行为。原告虽主张用户存在销售或许诺销售预装有被诉侵权软件的电脑的可能性，但原告并未提交证据证明存在这一事实。基于此，该案中并不存在直接侵权的情况，因此被告不可能构成帮助侵权。

从美国、欧洲等主要国家GUI外观设计专利制度的发展历程来看，GUI外观设计专利保护必须以部分外观设计保护制度为基础。脱离了部分外观设计保护制度的GUI外观设计专利，就像是没有灵魂的行尸走肉，也无法起到保护GUI外观设计专利的竞争市场的目的。

五、结　语

法律的规定永远都会比现实情况的发展滞后，对于知识产权这个包含文艺、商业、科技和创新的领域而言更是如此。但不论滞后的法律还有多少距离需要迎头赶上，也不论偏差了多远，法律人都应该秉持追本溯源、坚守初心的信念，让制度为目的服务，而不是成为这个目的的桎梏。

GUI外观设计专利保护面临的问题及完善建议

刘　婷[1]

摘　要

现阶段GUI外观设计专利保护制度极不完善，尤其是在GUI外观设计专利的确权判断及侵权判断方面，判断标准明显失衡，导致存在GUI外观设计专利宣告无效较容易但侵权判断却很难的情况。因此，亟需立法机关以及司法机关尽快出台针对GUI外观设计专利的相关规则。

关键词

GUI　GUI外观设计专利　图形用户界面　专利维权　专利侵权诉讼　专利无效　专利确权　现有设计特征　组合启示

---

[1] 作者单位：阿里巴巴集团法务部。

国内图形用户界面（GUI）外观设计专利侵权第一案——奇虎 vs 江民外观设计专利侵权案一审判决[1]作出后，关于 GUI 外观设计专利的保护引发业界广泛讨论，网上也有很多关于 GUI 外观设计专利保护的报道。笔者作为一名在企业工作多年的 IP 从业者，想从企业用户的角度分析 GUI 外观设计专利保护的现状，以及企业在实践中所面临的各种困惑，提出对 GUI 外观设计专利保护的一些个人思考与建议。

一、GUI 外观设计专利的保护场景及现状

（一）保护场景

2014 年，国家知识产权局对《专利审查指南 2010》作出修改，将电子信息产品的 GUI 纳入了外观设计专利的保护客体。[2] 根据修改后的《专利审查指南 2010》的规定，GUI 外观设计专利保护的客体需要满足如下 3 个条件：基于硬件产品的图形用户界面、可以进行人机交互以及实现了产品的一定功能。简单地说，就是硬件产品的屏幕上显示的能够进行人机交互且实现功能的 UI 设计才能成为 GUI 外观设计专利保护客体。因此，GUI 外观设计专利的保护场景依然脱离不了硬件设备这样的载体，只能依靠计算机、手机、带电子屏幕的业务设备以及仪器作为载体而存在。

自 2014 年对《专利审查指南 2010》进行修订之后，在专利法层面上，在 2015 年国家知识产权局的《专利法修改草案（送审稿）》中，并没有对 GUI 外观设计专利保护范围和侵权判定规则作出进一步规定。但送审稿对外观设计的定义进行了修改，提出了局部外观设计的概念，即产品局部的外观设计也可以成为外观设计专利的保护客体。局部外观设计保护制度的引入，将对于进一步完善 GUI 外观设计专利保护创造更好的上位法依据。但从媒体报道看，是否能够引入这一制度在立法程序中仍然面临很大不确定性。

---

[1] （2016）京 73 民初 219 号。

[2] 国家知识产权局令第 68 号《国家知识产权局关于修改〈专利审查指南〉的决定》，2014 年 3 月 12 日公布，自 2014 年 5 月 1 日起施行。

（二）司法现状

目前《专利法》对于GUI外观设计专利保护范围确定规则和侵权判定规则仍然是一片空白，意味着其保护范围的确定和侵权判定原则上要适用普通外观设计专利的一般规则。最高人民法院也尚未出台关于GUI外观设计专利保护范围及侵权判定规则的司法解释。在这种情况下，GUI外观设计专利的确权规则和侵权判定规则有待进一步明确，否则就可能产生一系列保护问题。虽然目前仅仅出现了一例GUI外观设计专利侵权的判例，但足以反映出GUI外观设计专利侵权判定在适用一般侵权判定规则时面临的问题，也即GUI外观设计没有得到充分有效的保护。这一问题引发了业界的关注和担忧。

（三）保护问题带来的影响

或许正是由于司法层面对于GUI外观设计专利一直没有非常明确的规定，奇虎vs江民案判决作出后，企业感觉GUI外观设计专利保护面临很大问题，原来寄予的希望基本落空。因此从目前GUI外观设计专利的整体申请量数据可以看出，从2016年开始GUI外观设计专利的整体申请量开始明显下降，相较于同时期的发明专利申请量快速增长，对比明显，反映出企业对于GUI外观设计专利保护前景不确定性的担忧。

二、企业的需求与面临的困惑

对于企业来说，随着技术的发展与进步，电子信息设备在生活中占据的比例越来越大，电子屏幕在生活中占据的空间和时间也越来越多。原来的物理界面的操作逐渐转为虚拟界面的操作，原来产品物理界面的外观设计也逐渐转为数字化的界面设计，GUI设计对于产品销售、使用的重要性就越发突显出来。产品GUI设计的差异，在未来很有可能在很大程度上影响用户的使用体验与满意度，进而影响用户是否会选择某款软件产品。因此，GUI也成为各个企业竞相角逐的领域，对于企业来说，也急需通过GUI外观设计专利来保护自己的独创设计。

总体而言，企业对于GUI外观设计专利保护的需求主要包括以下两方面：一方面是希望企业自己的设计创新能够受到GUI外观设计专利的保护，另一方面则是希望企业申请的GUI外观设计专利在企业需要的时候可以用来维权，从而维护企业的合法权益。

（一）不同场景下的保护需求

1. 脱离硬件载体

以软件产品APP为例，很多软件产品APP在GUI方面都有独特的设计。然而，根据目前《专利审查指南2010》的规定，若要通过GUI外观设计专利来保护此类独特设计的GUI，则申请人必须将这样GUI与硬件载体结合在一起申请。比如将GUI与手机或者电脑等作为一个整体保护，但侵权者往往只生产销售软件，强制与硬件结合申请外观设计专利大大缩小了保护范围，给权利人在后续维权方面设置了诸多障碍。

根据奇虎vs江民GUI外观设计专利侵权案一审判决，由于GUI外观设计专利保护的是GUI设计与硬件产品这一个整体，被告的软件产品抄袭了GUI外观设计专利的独特设计，但由于它只是一款软件产品，如果没有办法找到预装这款侵权软件的硬件设备，即使这个软件产品事实上抄袭了专利权人的设计，也不会构成侵权。这显然对于权利人来说是非常不公平的。

2. 部分外观设计

随着时代的发展，电子信息产品的电子屏幕越来越大，由于要尊重用户的使用习惯，GUI设计很难作颠覆式改变，其设计创新往往是局部的。因此对于企业来说，往往也有仅保护局部创新这一部分内容的需求，而整个GUI中的其他部分的内容可以全部忽视掉。因此申请人也希望能够借鉴其他国家的做法，引入部分外观设计专利的概念。

如果能够引入局部外观设计，将有助于解决目前GUI外观设计专利保护中面临的困难。当允许对部分外观设计进行保护后，在确权及维权过程中，GUI所用于的硬件载体可以作为可以忽略的外观设计产品的“其他部分”，从而使很多问题迎刃而解。例如，在GUI外观设计专利确权的过程，只需要判断该局部设计相对于现有设计及特征是否具有明显区别。同时在侵权判定过程中，也只需要判断被控侵权产品中的某部分是否与该局部设计相同或相近似。

3. 未来GUI应用场景与发展趋势

近年来比较流行的AR、VR设备逐渐成为用户界面应用的又一场景。以微软Hololens全息眼镜的GUI为例，用户通过该眼镜看到的虚拟图像并没有依附某一具体的硬件设备而存在，也即GUI并不是以眼镜作为硬件载体，它的成像不是在眼镜上，而是在人的视网膜上。在这种情况下，如果我们想针对这种类型的 GUI 进行保护，还强制要求必须与硬件产品结合，则根本无法实现。

以上三类都是生活中比较常见的 GUI 应用场景。相信在实际生活中，将会有更多的应用场景需要引入 GUI 外观设计专利对设计进行保护。且随着 GUI 设计的地位越发重要，以及企业对知识产权保护的重视程度不断提升，企业对于 GUI 外观设计专利的确权与维权需求也会越来越强烈。

（二）维权的需求与困惑

1. GUI 外观设计专利无效的判定标准

在专利侵权诉讼过程中，专利权人还必须应对被控侵权人的专利无效抗辩。对于 GUI 外观设计专利来讲，无效程序中面临的最大挑战是其是否具备《专利法》第 23 条第 2 款规定的“创造性”。该款规定，“授予专利权的外观设计与现有设计或者现有设计特征的组合相比，应当具有明显区别”。这其中涉及两个关键点的理解，一个关键点是与现有设计特征的组合，另一个关键点是具有明显区别。

（1）现有设计特征的组合

其实要想理解现有设计特征的组合这个概念，笔者认为至少需要从 3 个层面来解释：首先，需要明白什么是现有设计特征；其次，在明确了什么是现有设计特征之后则需要知道现有设计特征的组合方式都有哪些；最后，需要知道什么情况下可以组合，也即什么情况下属于给出了组合的启示。

由于《专利法》中对于这些问题没有给出更具体明确的解释，因此，要想清楚理解这些问题，我们只能在《专利审查指南 2010》中寻找答案。《专利审查指南 2010》第四部分第五章第 6.2.1 节中进一步规定了现有设计特征组合的判断方法。总结来说，在对现有设计特征组合进行判断时，首先应当确认该专利与现有设计是否存在对应部分；如果存在对应，再判断对应部分是否相同或只有细微的差别；如果存在相同或者只有细微差别，再判断是否存在组合的启示；如果存在组合启示，则该外观设计不具有明显区别。如果不能直接得到外观设计专利，则外观设计专利与现有设计特征的组合相比有明显区别。

但具体到 GUI 外观设计专利来说，无效的判定标准与依据无论是在《专利法》还是在《专利审查指南 2010》中都没有明确的规定，因此对于权利人来说，则只能将《专利审查指南 2010》中的相关规定作为具体依据。因此，笔者认为，在现有立法框架下，尚没有针对GUI外观设计专利的无效与侵权的具体判定规则。如果在审查过程中又不严格按照《专利审查指南2010》中规定的无效判定标准进行分析，将会导致GUI外观设计专利无效判定的混乱，让企业对于GUI外观设计专利的保护更加无所适从，对GUI进行专利保护的初衷也不能得以体现。

（2）具有明显区别

根据《专利审查指南2010》的规定[1]，在判断涉案专利与相同或者相近种类产品现有设计相比是否具有明显区别时需要考虑的因素，也即影响整体视觉效果的因素有以下6点：功能唯一限定、使用时是否容易关注、惯常设计、设计要点、局部细微差异、设计空间。虽然《专利审查指南2010》中提到，设计要点所指设计并不必然对外观设计整体视觉效果具有显著影响，不必然导致涉案专利与现有设计相比具有明显区别，并以汽车的设计要点在底面进行举例说明，但是，使用时是否容易关注与设计要点，对于GUI外观设计专利的判断尤为重要。对于GUI外观设计专利来说，笔者认为在判断是否具有明显区别的时候，首先也需要根据以上6点因素来综合判断，但由于GUI就是给用户操作使用的，整个界面都会呈现在用户面前，基本不存在某部分是否容易被关注到的问题，也不存在设计要点在某个不容易被用户关注到的地方。因此，在判断GUI外观设计专利与现有设计是否存在具有明显区别时，还应当重点考虑设计要点对整个视觉效果所产生的影响。如果设计要点上的区别足以影响整体视觉效果，则应当认为整个GUI外观设计专利与现有设计相比较具有明显区别。

2. GUI外观设计专利的侵权判定

由于GUI外观设计专利申请都要求申请人将图形用户界面与硬件产品作为一个整体申请。但实际上，多数的侵权人都只是软件产品生产商，真正侵犯外观设计者并不生产、销售相应的硬件产品。由于目前尚未出台专门针对GUI外观设计专利侵权判定的司法解释，人民法院不得不适用外观设计专利侵权的一般判定标准，将申请中包含的硬件产品作为确定GUI外观设计专利保护范围的依据。在被控侵权对象缺少硬件产品时很难被认定为侵权。因此，在现有的法律框架下最需要解决的是侵权对

[1] 《专利审查指南2010》第4部分第5章第6.1节.

比对象问题。如何将被控软件产品生产商与硬件产品关联起来则成了至关重要的问题，否则 GUI 外观设计专利就得不到保护。

关于设计要点的问题，对于 GUI 外观设计专利来说，设计要点往往是整个图形用户界面最核心的内容，也即 GUI 外观设计专利的核心保护点。因此，笔者认为设计要点不仅在确权过程中至关重要，在侵权判定过程中也应当被重点考虑。在侵权判定时，应该重点考虑侵权产品如果使用了 GUI 外观设计专利的设计要点的相关内容，则应当认定为侵权。

三、思考与建议

最后，基于实践中 GUI 外观设计专利的保护过程中遇到的各类问题，从专利权人的角度，有如下一些思考与建议。

（1）对于 GUI 外观设计专利的确权，首先需要考虑创造性高度的问题。GUI 外观设计专利相较于发明专利，其创造性天然较弱。在无效程序中，应该重点予以考虑。针对 GUI 外观设计专利的对比文件或现有设计特征的数量应当予以限制。

（2）在 GUI 外观设计专利的无效审查及判定过程中，尤其需要避免事后诸葛亮。所以，在 GUI 外观设计专利的无效判定过程中一定要回到专利创作的初始阶段，充分地认识到时间先后对于国形用户界面设计的难易度所带来的重大影响，而不应该对照 GUI 外观设计专利再从现有技术中找现在设计，然后再将现有设计像搭积木似的拼在一起来评价 GUI 外观设计专利的创造性。

（3）鉴于 GUI 外观设计空间有限，设计要点往往是整个 GUI 最核心的内容。因此，无论是在 GUI 外观设计专利申请的确权审查程序中，还是在 GUI 外观设计专利侵权判定程序中，均需突出设计要点的权重。

（4）在侵权判定中弱化 GUI 外观设计专利所用于的硬件设备部分。在现有法律框架下，尚不能将 GUI 脱离硬件设备申请和获得保护。为了不至于使 GUI 外观设计专利保护落空，建议在后续侵权判定过程中能够弱化硬件部分对保护范围的限定，将重点放在具体界面设计比对方面。

（5）笔者建议通过《专利法》修改确定专门针对 GUI 外观设计专利这种特殊的虚拟产品的确权和侵权判定规则，而彻底摆脱生硬套用传统物理产品外观设计的规则。专利法律制度的变革应重点考虑创新主体的需求，同时借鉴国外的做法，使法律制度的创新能够赶上和适应技术创新的步伐，真正发挥激励创新的作用。在《专利法》修改前，司法机关应当尽快出台针对 GUI 外观设计专利侵权判定的司法解释，指导司法实践面对新技术带来的挑战。

“软硬分离”情形下 GUI 外观设计专利保护的困境与对策探析

苏志甫[1]

摘　要

在产业分工细化、软件与硬件经营主体相对分离的背景下，对于软件服务商仅提供含有 GUI 软件的下载行为如何定性，是当前 GUI 外观设计专利保护中最具争议的问题，也是 GUI 外观设计专利权人最为关注的问题。本文根据现行《专利法》的相关规定及对国家知识产权局 68 号令的理解，重点对实践中有关上述问题的解决对策及其可行性进行了分析。在此基础上，从《专利法》第四次修改的角度，对加强 GUI 外观设计专利保护相关的可能性方案进行了展望及分析。

关键词

软硬分离　GUI 外观设计　专利保护　保护客体　间接侵权

---

❶ 作者单位：北京市高级人民法院。

引 言

图形用户界面（Graphical User Interface，GUI），顾名思义是指采用图形方式显示的用户与机器交互的界面，其概念最早由美国施乐公司于20 世纪 70 年代提出。起初，GUI 是否可以纳入外观设计专利保护备受争议。由于 GUI 将晦涩难懂的电脑语言包裹上简单易懂的图形外衣，让使用者通过图形识别即可理解电脑语言想要表达的内容。因此，GUI 成了电脑被迅速普及的重要推动力之一。❶ 同时，随着电子产品日趋智能化，GUI 在产品设计中的地位越发重要。在电子信息产业发展上具有先发优势的美国、日本、欧盟、韩国等于 20 世纪 90 年代及 21 世纪初，先后通过修法加强了对 GUI 设计的保护。为顺应产业界对加强 GUI 设计保护的需求，国家知识产权局于 2014 年 3 月 12 日颁布《国家知识产权局关于修改〈专利审查指南〉的决定》（第 68 号）（以下简称"68 号令"），对《专利审查指南 2010》作出修改，明确 GUI 可以成为外观设计专利权的保护客体。68 号令颁布实施后，随着申请量的攀升以及相关纠纷案件的发生，GUI 外观设计专利保护问题成为当前实践中的热点问题。有关 GUI 外观设计专利的保护客体、保护范围、侵权判定等成为各方讨论的焦点。由于站位及视角不同，各方观点在诸多问题上分歧明显。

一、问题的提出

《专利法》为专利权人提供法律保护，其含义是指任何单位或者个人未经专利权人许可实施其专利将构成侵犯专利权的行为，要承担法律规定的民事责任。《专利法》第 11 条第 2 款规定，外观设计专利权被授予后，任何单位或者个人未经专利权人许可，都不得实施其专利，即不得为生产经营目的制造、许诺销售、销售、进口其外观设计专利产品。上述规定从制度上保障了专利权人享有实施或者许可他人实施其发明创造获得预期经济利益的权利，使创新活动得以继续和拓展。上述规定的意

❶ 吴溯、孟雨、谢怡雯，等. 设计之战：移动终端工业设计的知识产权博弈［M］. 北京：知识产权出版社，2014：207.

义在于，一方面明确了被授予专利权的发明创造能够获得法律保护的程度；另一方面明确了构成侵犯专利权的条件，为公众从事生产经营活动提供了明确的行为准则。❶ 根据《专利法》第 11 条第 2 款的规定，通常认为，认定构成侵犯外观设计专利权行为应满足如下条件：一是未经专利权人许可，二是为生产经营目的，三是进行了制造、许诺销售、销售、进口外观设计专利产品的行为。被控侵权人至少直接实施了上述四种行为中的一种，专利权人才有权予以禁止。

从实践的情况看，涉嫌侵犯 GUI 外观设计专利权的行为，主要有两类：第一类是预装 GUI 产品的制造、销售等行为，第二类是“软硬分离”情形下提供带有 GUI 软件的下载行为。对于第一类行为，在预装 GUI 的产品落入专利权保护范围的前提下，硬件厂商预装 GUI 的行为，属于将外观设计图片或照片所表示的外观设计方案的产品实现从无到有再现的过程，属于《专利法》第 11 条第 2 款规定的制造行为，硬件厂商的制造行为及其他相关主体后续的销售行为等均构成侵害外观设计专利权的行为。实践中对此争议不大。所谓“软硬分离”，是指软件服务商仅在网络上提供带有 GUI 软件的下载，由用户自行将软件下载到电脑、手机等硬件产品上使用。该类情形下，对于软件服务商提供含有 GUI 软件的下载行为如何定性，是当前实践中最具争议的问题。“360 诉江民”侵害外观设计专利权纠纷案即涉及该问题。❷ 目前，我国 GUI 外观设计专利的申请主体主要来自互联网行业。在极其重视用户体验的互联网行业，独特的界面设计已经成为吸引用户的有力手段。在产业分工细化、软件与硬件经营主体相对分离的背景下，尽管带有 GUI 软件功能、效果的实现离不开硬件产品，但软件经营主体通常不会制造硬件产品或者销售预装带有 GUI 软件的硬件产品，被控侵权人仅通过对 GUI 设计本身的抄袭模仿，并将带有该 GUI 设计的软件提供给用户下载，由用户自行在硬件设备上下载、使用该 GUI 设计的软件，即可实现其目的。因此，对于软件服务商提供含有 GUI 软件的下载行为如何定性，也是 GUI 外观设计专利权人当前最为关注的问题。对于该类行为的定性，将决定 GUI 外观设计专利权在现行《专利法》下能够获得的保护强度。因此，本文将重点围绕该问题展开。

---

❶ 尹新天. 中国专利法详解［M］. 北京：知识产权出版社，2011：120.

❷ 参见北京知识产权法院（2016）京 73 民初 276 号民事判决书。

二、问题解决对策及可行性评析

针对“软硬分离”情形下GUI外观设计专利的保护问题，实践中，不同相关方提出的解决对策可以归纳为两类：一是将GUI外观设计专利保护的客体界定为GUI设计本身或者对GUI外观设计的产品作广义解释，认定软件服务商提供含有GUI软件的下载行为构成直接侵害专利权的行为（下称“对策一”）；二是通过专利间接侵权制度进行规制（下称“对策二”）。

专利权的公示性要求在授予时即明确专利权的保护范围，划清专利权的边界，为创新主体和社会公众提供明确的法律预期。为确保创新主体及社会公众预期的稳定性，对GUI外观设计专利权保护范围的界定在授权、确权程序和侵权程序中应当是一致的。因此，讨论上述对策的可行性，必须从对专利审查指南关于GUI外观设计可专利性规定的前后变化以及授权条件的分析入手。

（一）GUI外观设计可专利性的调整及授权条件

虽然68号令放开了对GUI外观设计专利的授权，但与美国、日本、欧盟、韩国等国家和地区的不同之处在于，68号令是在对现行《专利法》未作修改的情况下对专利审查指南进行的适应性调整。对于GUI外观设计专利的授权、确权以及侵权判定，仍要在现行《专利法》的框架下进行。

《专利法》于2008年第三次修改时将外观设计的定义提升到了法律当中，其第2条第4款规定：“外观设计，是指对产品的形状、图案或者其结合以及色彩与形状、图案的结合所作出的富有美感并适于工业应用的新设计。”《专利审查指南2010》对“图案”定义如下：“图案，是指由任何线条、文字、符号、色块的排列或组合而在产品的表面构成的图形。”《专利审查指南2010》第一部分第三章第7.4节明确规定：“产品通电后显示的图案。例如，电子表表盘显示的图案、手机显示屏上显示的图案、软件界面等”属于不授予外观设计专利权的情形。《专利审查指南2010》的上述规定相当于将GUI拒绝在外观设计专利审查的大门外，即GUI的可专利性被一概否决。在早期的司法实践中，主流意见也认为产品通电后显示的图案不属于外观设计专利的保护客体。例如，北京市高级人民法院 2008 年印发的《关于审理外观设计专利案件的若干指导意见(试行)》第 1 条第 11 款规定，产品通电后显示的图案，不属于外观设计专利的保护客体。

从效力位阶看，专利审查指南属于行政规章，属于《专利法》《专利法实施细则》的下位法。虽然《专利审查指南 2010》将 GUI 拒之门外，但从《专利法》关于外观设计的定义来看，GUI 是否当然被现行《专利法》排除在专利保护客体范围之外，在实践中存在不同认识。在苹果公司“便携式显示设备（带图形用户界面）”外观设计专利申请驳回复审案中，国家知识产权局原审查部门驳回了该申请。苹果公司向国家知识产权局专利复审委员会（以下简称“专利复审委员会”）提出复审请求。2013 年 5 月 2 日，专利复审委员会作出第 49596 号复审请求审查决定，认为涉案申请的显示设备带有图形用户界面属于“产品通电后显示的图案”，不符合《专利审查指南 2010》第一部分第三章第 7.4 节的规定及《专利法》第 2 条第 4 款的规定，故维持对涉案申请的驳回决定。苹果公司不服，提起行政诉讼。一审法院认为：若产品通电后显示的图形用户界面属于产品整体外观设计的一部分，或产品整体外观设计包括了图形用户界面，则由于此种外观设计专利申请实质上仍属于对产品整体外观所进行的设计，故并不应当以不符合《专利法》第 2 条第 4 款规定为由而被驳回。据此，判决专利复审委员会重新作出复审决定。二审法院进一步指出：在判断包含通电图案的外观设计是否属于我国外观设计专利授权客体时，应以《专利法》第 2 条第 4 款的规定为基础进行考察。尽管《专利审查指南 2010》规定“产品通电后显示的图案”属于不授予外观设计专利权的情形，但确定专利授权客体的法律依据是《专利法》而不是专利审查指南。涉案申请是对便携式显示设备产品在整体形状和图案上所作出的外观设计，虽然还包括在产品通电状态下才能显示的图形用户界面，但并不能以此否定涉案申请在实质上仍是对便携式显示设备在产品整体外观方面所进行的设计。同时，涉案申请亦能满足外观设计专利在工业应用和美感方面的要求，故可以成为我国外观设计专利权的保护客体。据此，二审法院维持一审判决。该案是我国涉及 GUI 外观设计是否可以授予专利权的第一案，明确了确定 GUI 外观设计可以获得外观设计专利权的法律依据不是专利审查指南，而是《专利法》第 2 条第 4 款的规定。[1]

68号令系在上述案件二审宣判前对外颁布。从68号令明确的授权条件来看，并非所有的GUI设计都能够受到外观设计专利的保护。用于申请外观设计专利的图形用户界面，应当满足"人机交互"和"实现产品功能"两项条件。根据上述要求，"游戏界面以及与人机交互无关或者与实现产品功能无关的产品显示装置所显示的图案，例如，电子屏幕壁纸、开关机画面、网站网页的图文排版"，不属于可以授予外观设计专利权的情形。从GUI专利申请的视图要求来看，对要求保护的带有图形用户界面的产品外观设计应当提交整体产品外观设计视图，强调GUI设计应具有相应的载体。可见，无论是"便携式显示设备（带图形用户界面）"外观设计专利申请驳回复审案中一、二审法院阐述的GUI可专利性的理由，还是68号令明确的GUI外观设计专利授权条件，均是基于现行《专利法》确立的外观设计整体保护原则。

（二）关于解决对策的可行性分析

1. 关于对策一的可行性分析

对策一是从认定直接侵权的思路出发，主张将GUI外观设计专利保护的客体界定为GUI设计本身或者对GUI外观设计的产品作广义解释，以规制"软硬分离"情形下被控侵权人脱离产品载体、单独使用GUI设计的行为。对该对策从以下两个层面进行分析。

首先，主张GUI外观设计专利的保护客体是GUI设计本身的观点，实质上是认为GUI专利保护可以脱离产品本身。该观点与我国现行《专利法》对于外观设计专利保护以产品作为载体、设计方案不能脱离产品独立受到保护的基本定位明显不符。第一，《专利法》第2条第4款对外观设计的定义界定为"对产品的形状、图案或者其结合以及色彩与形状、图案的结合所作出的富有美感并适于工业应用的新设计"。权威观点据此归纳了外观设计受保护的四要件：①载体必须是产品；②产品的形状、图案或者其结合或者它们与色彩的结合；③可批量应用于产业生产；④富有美感的新设计方案。[2] 上述定义明确外观设计专利保护的客体是由

---

[1] 该案被业界称为"中国GUI第一案"，参见北京市第一中级人民法院（2013）一中行初字第3760号行政判决书以及北京市高级人民法院（2014）高行（知）终字第2815号行政判决书。

[2] 全国人大常委会法制工作委员会.《中华人民共和国专利法》释解及实用指南［M］.北京：中国民主法制出版社，2009：6-8.

产品的形状、图案、色彩等设计要素构成的该产品的新设计，而不是设计方案本身。第二，《专利法》第 59 条第 2 款规定：“外观设计专利权的保护范围以表示在图片或者照片中的该产品的外观设计为准，简要说明可以用于解释图片或者照片所表示的该产品的外观设计。”根据该规定，外观设计专利权的保护范围是“以该产品的外观设计为准”，而不是“以外观设计为准”，“该产品”的限定已经清楚地表达了外观设计与产品之间的紧密关系。第三，《专利审查指南 2010》第四部分第五章第 5.1.2 节规定：“外观设计实质相同的判断仅限于相同或者相近种类的产品外观设计。对于产品种类不相同也不相近的外观设计，不进行涉案专利与对比设计是否实质相同的比较和判断，即可认定涉案专利与对比设计不构成实质相同。”《最高人民法院关于审理侵犯专利权纠纷案件应用法律若干问题的解释》（以下简称“专利侵权司法解释一”）第 8 条规定：“在与外观设计专利产品相同或者相近种类产品上，采用与授权外观设计相同或者近似的外观设计的，人民法院应当认定被诉侵权设计落入《专利法》第 59 条第 2 款规定的外观设计专利权的保护范围。”可见，在外观设计专利的授权、确权程序以及侵权认定程序中，外观设计专利的确认和保护以设计与产品相结合为前提，外观设计专利保护的是以产品为载体的外观设计，而非脱离产品的设计方案。因此，上述观点在现行《专利法》下难以成立。

其次，主张对 GUI 外观设计的产品作广义解释的代表性观点，是将带有 GUI 的软件解释为外观设计专利产品，而不是其所附着的电脑、手机等硬件产品。有观点进一步指出外观设计产品的核心概念内涵是“外观设计装饰推销之对象”，外观设计产品的核心制度功能在于“产品能够限定外观设计的权利范围”。一方面，软件产品解释为外观设计专利产品，符合外观设计专利产品的概念内涵，即软件产品是应用软件 GUI 外观设计所装饰推销的对象。软件产品解释为外观设计产品，可以承担起产品限制外观设计专利权利范围的制度功能。另一方面，软件产品作为客观存在的产品类别，能够与其他产品类分，且软件产品可以根据用途功能进一步作类型划分，将软件产品解释为外观设计产品不会丧失其限定外观设计专利权利范围的作用，也不会导致外观设计专利权利范围的不当扩张。[1] 但上述观点与专利法上对“产品”的通常理解相冲突。专利法所保护的外观设计是对产品的形状、图案或者其结合以及色彩与形状、图案的结合所作出的富有美感并适于工业应用的新设计。此处的“产品”要求是可以通过工业生产方法重复制造的工业产品。从构成外观设计的要素即形状、图案、色彩来讲，形状是指产品造型的设计，图案是在产品表面构成的固定的、可见的图形，色彩是指用于产品上的颜色或颜色的组合。软件虽然属于可以用工业生产方法重复制造的工业产品，也可以在市场上独立销售，但软件无法脱离硬件而独立运行或呈现其内容，软件的图形用户界面在脱离硬件后也无法为消费者所感知。究其本质，软件是为了实现用芯片操作、控制某种物理意义上的产品的运行而开发的计算机程序，对于一般消费者而言，软件本身必须以物理产品为依托。作为对人机交互界面作出的装饰性设计的图形用户界面，同样也应该将物理产品实体作为依托。并且，从 68 号令对申请外观设计专利的图形用户界面应当满足“人机交互”和“实现产品功能”两项要求来讲，“人机交互”是指人与机器之间，通过一定的交互方式（点击、触摸、滑动、显示等），完成信息（指令、反馈、状态等）传递的过程；“实现产品功能”，是使产品能发挥有利作用，包括实现产品自身功能和借助应用程序实现的功能。[2] 此处的“人机交互”显然是人借助于软件与硬件产品的交互，所实现的产品功能也应当是硬件产品的功能。如果在侵权认定程序中，将带有 GUI 的软件直接视为产品，则与 68 号令关于 GUI 外观设计专利的上述两项授权要求不相符，两个程序中对产品的界定将相互冲突。如前所述，68 号令的本意是在不突破现行《专利法》制度的前提下，对 GUI 与产品相结合的整体提供外观设计专利保护，要求 GUI 设计必须与载体产品设计作为一个整体寻求保护。从司法部门目前的主流观点来看，也认为对于 GUI 外观设计产品种类的确定应以使用该图形用户界面的产品为准。[3]

在 GUI 外观设计专利的授权与保护均无法脱离产品载体的前提下，制造外观设计专利产品的行为必须同时再现 GUI 设计与使用该 GUI 设计

[1] 李安. GUI 外观设计专利的类型化分析［J］. 中国发明与专利，2017（7）.

[2] 国家知识产权局外观设计审查部. 浅析我国图形用户界面的外观设计保护制度［EB/OL］.［2017-10-30］. 微信公众号“Idesign Sipo”.

[3] 参见北京市高级人民法院《专利侵权判定指南（2017）》第 73 条第 1 款、第 77 条.

的载体产品。因此，在“软硬分离”情形下，软件服务商仅使用 GUI 设计的行为不属于《专利权》第 11 条第 2 款规定的“制造”行为。软件服务商仅从事带有 GUI 软件的下载行为，不构成专利法意义上的制造行为，难以认定为《专利法》第 11 条第 2 款规定的直接侵犯专利权行为。

2. 关于对策二的可行性分析

在被诉侵权行为不构成《专利法》第 11 条第 2 款规定的直接侵犯专利权行为的情况下，还应根据当事人的请求审查该行为是否属于间接侵权行为。对策二即采用该思路。

由于我国《侵权责任法》及《专利法》并未明确确立专利间接侵权认定规则，对于所谓的间接侵权行为，是通过共同侵权制度下的帮助侵权或教唆侵权规则予以规制。《侵权责任法》第 9 条第 1 款规定：“教唆、帮助他人实施侵权行为的，应当与行为人承担连带责任。”《最高人民法院关于审理侵犯专利权纠纷案件应用法律若干问题的解释（二）》（以下简称“专利侵权司法解释二”）第 21 条规定：“明知有关产品系专门用于实施专利的材料、设备、零部件、中间物等，未经专利权人许可，为生产经营目的将该产品提供给他人实施了侵犯专利权的行为，权利人主张该提供者的行为属于侵权责任法第九条规定的帮助他人实施侵权行为的，人民法院应予支持。明知有关产品、方法被授予专利权，未经专利权人许可，为生产经营目的积极诱导他人实施了侵犯专利权的行为，权利人主张该诱导者的行为属于侵权责任法第九条规定的教唆他人实施侵权行为的，人民法院应予支持。”

实践中，有观点认为参照专利侵权司法解释二的上述规定，在被控侵权的软件界面设计与 GUI 专利的界面相同或相似，被控侵权人明知或应知其界面设计是专门用于 GUI 专利产品，但未经许可，出于生产经营目的，将被控侵权软件在互联网上发布、供网络用户下载使用的，其明显存在提供给他人下载、实施侵权行为的故意，则被控侵权人的行为构成对上述直接侵权行为的帮助行为。反对观点则认为，间接侵权应当以存在直接侵权行为为前提，具体包括两层含义：一是直接实施者具有生产经营目的，二是直接实施者的行为落入专利权的保护范围。由于我国专利法对侵权行为具有生产经营目的之限定，普通用户实施的行为因缺乏生产经营目的，不应视为直接侵权行为。外观设计专利与发明、实用新型专利的区别在于，使用外观设计专利产品不构成侵犯专利权的行为。

对于用户将带有 GUI 软件自行下载到硬件设备上使用的行为，即便不考虑生产经营目的，用户的使用行为也不构成直接侵犯专利权的行为，提供带有 GUI 软件下载服务的软件服务商的帮助侵权或引诱侵权则无从谈起。显然，按照后一种观点，GUI 外观设计专利权在“软硬分离”情形下将无法受到保护。

关于是否可以通过法律解释的方法拓展帮助侵权或引诱侵权认定规则的适用，是近年来专利侵权诉讼中备受争议的话题之一。部分司法案例已经对此进行了探索。例如，在“西电捷通诉索尼”侵害发明专利权纠纷案中，一审判决认为，间接侵权行为一般应以直接侵权行为的存在为前提。但是，这并不意味着专利权人应该证明有另一主体实际实施了直接侵权行为，而仅需证明被控侵权产品的用户按照产品的默认方式使用产品将全面覆盖专利权的技术特征即可，至于该用户是否要承担侵权责任，与间接侵权行为的成立无关。被告明知被控侵权产品中内置有 WAPI 功能模块组合，且该组合系专门用于实施涉案专利的设备，未经原告许可，为生产经营目的将该产品提供给他人实施涉案专利的行为，已经构成帮助侵权行为。可见，该判决试图创设一种认定帮助侵权的新规则，即原告仅需证明被控侵权产品的用户按照产品的预设方式使用产品将全面覆盖专利权的技术特征即可。二审判决则认为直接实施人不侵犯专利权而由“间接侵权”行为人承担民事责任属于例外情况，且应当符合特定的要件。[1] 在 2018 年 7 月 9 日召开的第四次全国法院知识产权审判工作会上，最高人民法院陶凯元副院长在讲话中指出：“专利领域中的帮助侵权以被帮助者利用侵权专用品实施了覆盖专利权要求全部技术特征的行为为条件，既不要求被帮助者的行为必须构成法律意义上的直接侵权行为，也不要求必须将帮助者和被帮助者作为共同被告。”该讲话显然为帮助侵权规则的拓展适用指明了方向，但上述案例及讲话中的规则均涉及发明、实用新型专利，是否可以适用于 GUI 外观设计专利的侵权判断，有待进一步研究和讨论。

---

[1] 参见北京知识产权法院（2015）京知民初字第 1194 号民事判决书及北京市高级人民法院（2017）京民终 454 号民事判决书。

三、GUI 外观设计专利保护的展望及思考

受限于现行《专利法》的规定，GUI 外观设计专利授权要求 GUI 设计必须与产品相结合，在侵权认定程序中，对 GUI 外观设计专利的保护同样难以脱离产品的限定。这就导致现行《专利法》仅能在有限的情形下为 GUI 外观设计专利权提供法律保护，对于 GUI 外观设计专利权人最为关注的“软硬分离”情形下对 GUI 设计的使用行为，按照现有法律规定及传统的适用思路，难以为专利权人提供其所期望的权利救济。上述问题的根本解决有待于通过修改立法或规则适用的重大调整才能实现。

据悉，在 68 号令制定过程中，曾有建议提出通过修改专利审查指南放开对“部分外观设计”的保护，进而实现对 GUI 的保护。但考虑到《专利法》第 2 条规定的“产品”不包括产品的局部。上述建议有违反上位法之嫌。国家知识产权局经慎重考虑，决定通过两步走实现对 GUI 及部分外观设计的保护，即先在现有外观设计规则框架下响应产业界的急迫需求，消除《审查指南 2006》中对 GUI 保护的障碍；再力图通过对《专利法》的修改引入部分外观设计制度，实现对包括 GUI 在内的所有局部外观设计的保护。❶ 在《专利法》第四次修改的讨论过程中，有观点认为通过引入部分外观设计制度，即可以加大对 GUI 设计的保护。国家知识产权局对外发布的《专利法修改草案（征求意见稿）》第 2 条第 4 款对于外观设计的定义也进行了有针对性的调整，该款规定：“外观设计，是指对产品的整体或者局部的形状、图案或者其结合以及色彩与形状、图案的结合所作出的富有美感并适于工业应用的新设计。”不可否认，引入部分外观设计，有利于降低外观设计专利的授权门槛，加大对外观设计专利权的保护力度，但能否从根本上解决“软硬分离”情形下 GUI 外观设计专利的保护问题，有待进一步分析。即便引入部分外观设计，从征求意见稿的上述规定来看，仍然是狭义上的部分外观设计，即产品局部的外观设计，似乎仍然无法脱离产品载体、直接对 GUI 设计本身进行保护。从一些已经引入部分外观设计制度国家的立法及审查实践来看，也

❶ 詹靖康. 奇虎诉江民侵害外观设计专利权纠纷案评析：兼论国家知识产权局第六十八号令［J］. 电子知识产权，2018（1）.

可以印证此点。例如，日本于 2006 年修改《意匠法》时，引入了部分外观设计，该法第 2 条第 2 款规定：“产品部分的形状、图案、色彩或上述特征的结合，是与产品共同使用、且属于为操作产品（仅限于使产品处于能发挥其功能之状态的行为）所使用之图像时”，亦作为该法所保护的“意匠”。日本特许厅 2007 年颁布的《意匠审查基准》对受保护的电子界面规定了以下 4 项条件：①其载体必须是《意匠法》认可的产品；②必须用于该产品的操作；③为使产品进入能发挥其功能的状态；④必须显示在产品或与该产品一体使用的产品上。当然，日本对部分外观设计的保护仅代表了一种保护模式。从《欧盟外观设计保护条例》的相关规定来看，欧盟对于不以物理产品为载体的图形符号同样能够予以保护。当然，这与欧盟对外观设计的界定范围较广、实质上对设计本身进行保护有关。❶ 如果在《专利法》第四次修改过程中，引入部分外观设计，则需要认真厘清其与所适用的产品载体的关系；否则，恐将无助于 GUI 外观设计专利保护困境的破解。

国际商会（International Chamberof Commerce，ICC）于 2018 年 4 月对外发布了一份关于“图形用户界面（GUI）外观设计保护”的报告。该报告指出：“由于 GUI 设计保护在世界范围内的多样性，以及现有设计注册系统的某些方面与 GUI 特性的兼容性的缺乏，对于希望以高效和有效的方式获得 GUI 设计保护的企业而言，是一个充满挑战的商业环境。”该结论显然适用于我国当前在 GUI 外观设计专利保护上面临的局面。在对策建议上，上述报告提出对“产品”的概念不应作限制性的解释，并明确确认 GUI 和 GUI 元素符合“产品”的定义，从而表明不依附于任何实体产品的 GUI 仍有资格进行设计保护。在《专利法》修改过程中，对于是否引入部分外观尚存在争议，因此，若出于加强 GUI 外观设计专利保护的目的，对产品作广义界定或者将 GUI 外观设计作为特殊的保护客体，或许是一种可供选择的保护思路。最新版的《关于工业产品外观设计的国际分类表》(《洛迦诺协定》) 中第 14-04 类产品为“屏幕显示与图

❶ 《欧盟外观设计保护条例》第 3 条对外观设计定义如下：(a) 外观设计是指线条、轮廓、色彩、形状、质地和/或产品本身的材料和/或其装饰物的特征形成的产品的全部或部分外观；(b)“产品”是指任何工业或手工制品，包括用于组装成复合型产品的部件、包装、装束、图文符号以及印刷字体，但不包括电脑程序；(c)“复合型产品”是指由多个组件组成的产品，这些组件可通过产品的拆卸和重组来替换。

标”。有观点据此主张，“屏幕显示与图标”本身即可被视为产品。但如前文所述，《专利法》对外观设计的保护以产品为载体是外观设计专利制度的基础，“牵一发而动全身”，《专利法》第四次修改是否有必要、有可能对此进行大幅修改，尚待进一步深入论证。此外，需要注意的是，GUI设计作为一项富有美感的工业设计，在我国现行的知识产权法体系下，除了寻求外观设计专利保护外，还可以主张构成实用艺术品寻求著作权的保护。著作权对实用艺术品的保护侧重于对工业设计中美感部分的保护，尽管保护强度可能弱于专利权的保护，但著作权保护遵循自动产生原则，设计一经完成，只要达到实用艺术品的保护条件即可受到保护，且其保护范围不受产品类别的限制。如果将带有GUI设计的软件视为产品或者将GUI设计作为特殊的保护客体，则需要考虑此种模式下的专利权保护与著作权保护的异同、两种保护途径是否可能导致过度重叠以及是否存在立法政策上的冲突。

在《专利法》修改工作未实质性推进的情况下，破解“软硬分离”情形下GUI外观设计专利保护的困境，恐怕只能有待于专利帮助侵权规则或引诱侵权规则在外观设计专利判定中拓展适用可能性及拓展空间的明朗化。其中，值得关注的要点包括两个。一是用户将带有GUI软件下载到硬件产品上安装、运行行为应作如何定性。多数观点认为该行为属于使用行为，但也有不同观点认为：“当用户下载、安装并运行了被诉侵权软件，软件界面出现在显示装置上时，用户的电脑就变成了一台具有图形用户界面的电脑，则用户使用电脑安装、运行被诉侵权软件的行为，实质上是制造具有图形用户界面的电脑的行为。”[1] 二是对于用户的上述行为是否可以不作生产经营目的之要求，只要软件服务商存在生产经营目的即可。当然，上述问题均有待进一步深入讨论。

四、结　语

专利权的价值不在于获得授权，而在于能够得到实施并受到合理的保护。GUI外观设计专利保护当前面临的尴尬在于，68号令的颁布激发

[1] 詹靖康．奇虎诉江民侵害外观设计专利权纠纷案评析：兼论国家知识产权局第六十八号令［J］．电子知识产权，2018（1）．

了GUI设计创新主体寻求外观设计专利保护的热情，但现行《专利法》难以提供其所期望的保护强度。讨论GUI外观设计专利保护的问题，除了考虑专利权人的诉求外，更要考虑既有的法律制度及规则适用的统一性和自洽性。在现行法律规则提供的保护强度难以满足专利权人的保护诉求时，是否有必要通过修改立法或调整规则的适用以增强保护强度，需要对其必要性和可行性从多维度进行分析。比较美国、欧盟、日本、韩国对GUI设计保护的发展历程，可以看出保护程度、保护模式的选择，与其对工业设计已有的保护体例以及信息产业发展的发展水平和发展阶段密切相关。中国对GUI设计进行保护的程度设定和模式选择，需要在充分调研的基础上认真权衡。GUI外观设计专利制度的确立和完善，应置于工业设计的整体保护体系下进行思考，既要考虑创新主体的保护需求，也要客观分析我国相关产业的发展水平和所有利益相关方的普遍诉求。正如我国外观设计专利制度过去30余年发展历程所揭示的，外观设计专利制度应当随着工业设计产业的发展而逐步完善，既要维护权利人的合法权益，也要促使外观设计更好地服务社会和经济发展，发挥其对技术创新和经济发展的促进作用。

《保护工业产权巴黎公约》
——专利国际协调新视角下的百年经典

张莉丽[1]

摘　要

改革开放见证了我国专利制度的发展历程，《保护工业产权巴黎公约》（以下简称《巴黎公约》），正是我国运用专利制度促进经济、科技发展并屹立世界经济舞台的源头。[2] 继往开来之时，风云变幻的国际政经形势下，在预判专利国际协调的未来发展走向之前，有必要追根溯源，重新梳理、审视并客观评价《巴黎公约》的历史功绩和局限性。在专利国际协调的大舞台，《巴黎公约》缘何成为奠基石、百年不朽？又能否持续主导专利国际协调未来发展？《巴黎公约》是否仍能成为各国在未来专利国际协调中始终坚守的阵地？这些是本文探讨的重点，同时本文也尝试对前述问题寻找答案。

关键词

专利　国际协调　巴黎公约　影响

---

[1] 作者单位：国家知识产权局专利局初审及流程管理部。

[2] 我国于 1985 年 3 月 19 日正式加入《巴黎公约》，成为公约的成员国；1985 年 4 月 1 日《中华人民共和国专利法》正式实施，遵循并适用了《巴黎公约》的基本原则。

一、应势而生——专利国际协调拉开序幕

发展促进合作。随着19世纪后半期的技术全球化趋势加强和世界贸易的增长，各国独立保护本国申请人技术的专利制度已经不能适应国际贸易活动的发展，促使专利制度往国际化的方向发展，专利的国际协调应势而生。《巴黎公约》的缔结和生效就是专利国际协调的开山之作。它是世界范围内知识产权领域最早缔结的国际公约，也是最具影响力的公约之一。

（一）《巴黎公约》首开专利国际协调的先河

工业革命之后，科技的进步带来交通工具的变革，国界不再遥远，国与国之间的贸易往来日渐频繁，世界市场逐渐形成，而先进技术也在日益频繁的跨国贸易活动中得以扩散。到了19世纪下半叶，除英国以外，一些国家也纷纷建立起本国的专利制度。在《巴黎公约》缔结（1883年）❶之前，建立专利制度的国家有十几个。❷但当时各国建立的专利制度保护程度各异，各自无任何关联，且未规定给予外国人在本国申请专利的权利。为了吸引他国的先进技术，广为采用的解决问题的方式之一，即通过国与国之间缔结双边协定，允许外国人在本国依照本国法律申请专利。这便是工业产权国际化的前期——双边协定时期。

《巴黎公约》作为世界上第一个保护工业产权的国际公约，首次确立了国际工业产权保护的范围和总体框架，是国际知识产权制度的支柱之一；它的缔结，顺应了当时人们普遍希望在国际上建立世界范围内的协调各国工业产权法律的迫切要求，为专利国际协调正式拉开了序幕，启动了全球专利从独立到统一直到一体化的航程。

（二）《巴黎公约》的基本制度设计

作为世界上第一部知识产权国际公约，《巴黎公约》属于实质性规范

---

❶ 《巴黎公约》经1873年和1878年两次酝酿后，于1883年3月在巴黎召开的国际外交会议上通过并签署。

❷ 美国在1790年、法国在1791年、荷兰在1809年、奥地利在1810年、俄罗斯在1812年、普鲁士在1815年、瑞典在1819年、西班牙在1826年、智利在1840年、巴西在1859年、印度在1859年、阿根廷在1864年、加拿大在1869年、德国在1877年，先后建立自己的专利制度。

条约，是进行知识产权制度协调的基本法律依据，主要规定了工业产权国际保护的实体内容，建立了专利国际协调的基本价值观。

《巴黎公约》适用于最广义的工业产权，包括发明、商标、工业品外观设计、实用新型、厂商名称、地理标志以及反不正当竞争。由于各成员国间的利益矛盾和立法差别，《巴黎公约》没有制定统一的工业产权法，而是以各成员国内立法为基础，在尊重各成员国内立法的同时，规定了各成员国必须共同遵守的几个基本原则，❶ 即国民待遇、优先权以及专利独立性原则。❷ 另外，《巴黎公约》还对发明人的署名权、展品的临时保护、强制许可原则等进行了规定。

《巴黎公约》所设计的制度是一种包容的、柔性的原则性规定，既消除了申请人的地域性，使在不同国家申请的专利可以产生关联，又明确和固化了专利授权和保护的独立性，还同时兼顾发达国家和发展中国家的利益诉求（例如发展中国家坚持的强制许可制度），适用于已经建立和尚未建立专利制度的国家（《巴黎公约》并未要求缔约国必须建立专利制度），因此得到了全世界大多数国家的普遍认可。

（三）《巴黎公约》的发展历程

《巴黎公约》经过 100 多年的发展，已经发展成为一个体系，目前由世界知识产权组织管理，其文本内容经过了多次修订，成员国数量与建立之初相比更是不能同日而语。

1. 成员国的扩大及组织结构变化

《巴黎公约》最初的成员国为 11 个，在该公约签署 130 余年后的今天，截至 2018 年 8 月，该公约缔约方总数已经达到 177 个国家，❸ 覆盖世界上绝大部分国家，促进了知识产权制度在世界范围的建立和普及，无愧是国际知识产权保护体系中最为重要、影响最大的公约。我国于 1985 年 3 月 19 日加入《巴黎公约》，成为其第 96 个成员国。《巴黎公约》于 1884 年生效，生效之初成立了国际局来执行行政管理任务，例如举办成员国会议等。后经过一系列的机构变化和形式改革后，现在《巴黎公

❶ [EB/OL]. [2018-08-31]. http://www.doc88.com/p-1846046471466.html.

❷ [EB/OL]. [2018-08-31]. http://www.wipo.int/treaties/en/ip/paris/summary_paris.html.

❸ [EB/OL]. [2018-08-31]. http://www.wipo.int/treaties/en/ShowResults.jsp?lang=en&treaty_id=2.

约》由世界知识产权组织（WIPO）管理。

2. **文本修订情况**

《巴黎公约》签订后的100多年间，曾召开过8次修订会议，通过6个修订本。目前大多数成员国采用1967年修订的斯德哥尔摩文本（我国加入的也是该文本），少数国家仍采用海牙文本、伦敦文本或里斯本文本。

3. **《巴黎公约》体系的形成**

《巴黎公约》第19条[1]是国际法领域出现最早的关于在基本公约的基础上缔结辅助性条约的规定，又被称为“19条协定”。根据该条规定，各国在遵守不与《巴黎公约》规定相抵触原则的前提下，可以相互之间分别签订保护工业产权的专门协定，可以采取双边或者多边协定的方式，这些协定视为对《巴黎公约》的补充。

19条协定的卓越价值便体现在为未来国际协调领域新条约的订立和国际合作的扩展提供了法律支撑，促成了《巴黎公约》体系的形成与发展；《巴黎公约》体系[2]，是以《巴黎公约》为基本公约（或母公约）、其他工业产权专门协定为辅助性条约（或子条约）所形成的条约体系（或条约群），即工业产权国际保护条约体系。在这个体系中，目前已经生效的，除了《巴黎公约》以外，还有14个专门协定[3]。

可见，尽管《巴黎公约》只规定了最宽泛的对工业产权的定义和基本规则，亦对成员国无强制的约束，但也正因为这样，公约对后世影响深远。

---

[1] 《巴黎公约》第19条：“不言而喻，本联盟国家在与本公约的规定不相抵触的范围内，保留有相互间签订关于保护工业产权协定的权利。”

[2] 《巴黎公约》体系有广义和狭义之分。狭义上的《巴黎公约》体系，仅指由《巴黎公约》和世界知识产权组织管理的其他工业产权专门协定构成的条约体系。

[3] 14个协定具体是：《制裁商品来源的虚假或欺骗性标志协定》，1891年于马德里缔结；《商标国际注册马德里协定》，1891年于马德里缔结；《工业品外观设计国际备案协定》，1925年于海牙缔结；《为商标注册目的而使用的商品与服务的国际分类尼斯协定》，1967年于尼斯缔结；《保护原产地名称及其国际注册协定》，1958年于里斯本缔结；《工业品外观设计国际分类协定》，1968年于洛伽诺缔结；《专利合作条约》，1970年于华盛顿缔结；《专利国际分类协定》，1971年于斯特拉斯堡缔结；《商标图形国际分类协定》，1973年于维也纳缔结；《国际承认用于专利程序的微生物保藏条约》，1977年于布达佩斯缔结；《商标注册条约》，1980年于维也纳缔结；《商标法条约》，1994年于日内瓦缔结；《保护植物新品种国际公约》，1961年于巴黎缔结；《专利法条约》，2000年于日内瓦缔结。

二、百年生辉——《巴黎公约》的地位和影响

（一）三大原则奠定了专利国际协调的基础

1. 消除了内外有别——国民待遇原则（National Treatment）

国民待遇原则是《巴黎公约》1883 文本即已确立的。[1] 该原则为申请人跨国申请提供了前提。这一原则解决了两个问题。一是能不能在外国申请？答案是：能。二是如何处理外国人的申请？答案是：与本国国民平等相待。国民待遇原则本身既不要求各国法律的一致性（不涉及知识产权的保护水平问题），也不要求适用外国法的规定（不涉及国家主权的地域限制问题），只是要求每个国家在自己的领土范围内独立适用本国法律，不分外国人还是本国人而给予平等保护。国民待遇原则基于各国经济、科技、文化发展不平衡的现状，承认各国工业产权制度的差异，在每一国范围内各自实现对本国与外国人的平等，消除内外差别[2]，实质上突破了申请主体的地域性，从而保证了工业产权制度国际协调的广泛性和普遍性。

2. 保障了对外申请的新颖性——优先权原则（Right of Priority）

优先权原则是《巴黎公约》对工业产权的国际保护所作的最重大的贡献之一。《巴黎公约》通过优先权原则突破了现有技术认定日期的地域性，使各国专利申请对新颖性和创造性的判断日期由本国申请日提前到了优先权日，从而为专利申请向外国提交时维护其新颖性提供了有利的保障，使得发明人在首次申请提交之后能够有时间进一步思考到哪些国家提交申请而不必担心在这段时间内其他人抢先在他国申请。[3]优先权制度通过授予跨国申请者以优先权，使外国申请人得以以时间上的优先抵消和对抗国内冲突申请人地域上的便利，使智力劳动成果的创造者能更好地保护自己的权利。这一原则也成为普遍接受和认可的规则，成为随后建立的国际领域知识产权条约和各国专利法中普遍采用的规定。

---

❶ BODENHAUSENGH. C. Guide to the Application of the Paris Convention for the Protection of Industrial Property [M]. Stockholm：WIPO Publication，2007：27.

❷ 吴汉东．知识产权国际保护制度的变革与发展［J］．法学研究，2005（3）：126-140.

❸ 张今．专利国际保护制度的过去、现在与未来［M］//吴汉东．知识产权国际保护制度研究．北京：知识产权出版社，2007：351.

3. 首次明确、统一和固化了专利的地域性特征——专利独立性原则(Principle of Independence)

由于国民待遇原则和优先权原则的建立，外国申请人申请专利的地域性和现有技术认定日的地域性被突破，为跨国申请消除了最大的障碍，也意味着其对各国工业产权保护的独立性提出了挑战。为打消缔约国的顾虑，保持对各缔约国的主权和立法、司法独立的尊重，《巴黎公约》在确立了这两条原则之后，紧跟着便明确、统一和固化了专利独立性原则。各国在专利制度上的差异，促使专利国际协调成为必然趋势，可谓差异促成合作，合作的最终目的当是消除这种差异。但是，差异的消除不可能一蹴而就，各国、各地区经济发展水平和政治制度的不平衡也决定了专利保护制度的这种差异恐怕还将长期存在，分阶段的求同存异也许是最为明智的做法。

《巴黎公约》所建立的专利独立性原则便是当时历史条件的必然产物。同时，《巴黎公约》也为其他国家建立专利制度树立了范本，即专利独立性占主导地位的专利体系。这样柔软的姿态，也是《巴黎公约》百余年来能够不断吸纳成员的原因之一。但也正是由于《巴黎公约》中专利独立性原则的确立，使专利的授权、保护、权利行使和司法救济等的地域性在《巴黎公约》的框架下无法逾越，事实上又为专利国际协调竖起了一道隐形的屏障。

（二）树立了专利国际协调的立法典范

1. 立法的整体性

《巴黎公约》全文虽有 30 条，但体现了优秀的立法技巧，结构完整，功能齐备。从规范作用角度看，该公约条款分为实质性条款和程序性条款。在实质性条款中规定了工业产权的范围、公约的三项基本原则和一些共同规定，在程序性条款中主要规定了联盟大会的组织事宜以及对公约的修改、批准、加入、保留和退出等程序性事宜。从功能属性角度看，该公约的条款可分为三类[1]：第一类是有关调整各成员国相互权利义务关系的具有国际公法特征的条款，第二类是规定或许可成员国应当或可以作出关于工业产权保护的国内立法的规定和制度的条款，第三类是关于

[1] 王丽萍. 第一个保护工业产权的国际公约：巴黎公约［N］. 中国知识产权报，2006-04-12 (010).

成员国国民在公约项下与工业产权保护有关的权利义务关系的实体内容条款。

2. **立法的包容性**

《巴黎公约》是一个开放性的国际条约，是在保护工业产权方面成员国最多、影响最大的国际条约，差不多所有较大的主权国家都是它的成员国。如此显著的成绩也正是《巴黎公约》所具备的广泛包容性的体现。

（1）柔韧的法律条文

《巴黎公约》并不要求缔约国建立专利制度，只要承认《巴黎公约》的原则即可，使得《巴黎公约》可以最广泛地吸纳全球成员，为全球专利一体化奠定了成员国广泛认可的基础。

（2）开放的多边条约

任何国家都可以在声明的基础上加入公约，该声明通过外交途径提交，《巴黎公约》对其成员国无限期有效，除非该成员国声明退出公约组织。[1]

（3）广泛的工业产权

《巴黎公约》确定了最广泛的工业产权保护对象，其中，“专利”也理解为《巴黎公约》联盟成员国法律上承认的各种工业产权，如输入专利、改进专利、增补专利和增补证书等。[2]

（4）有效的基本原则

《巴黎公约》确定的几大基本原则，一定程度上消除了各成员国经济水平差异带来的“歧视”和带给人们的顾虑，使得智力劳动成果的创造者能在世界范围内更好地享有和保护自己的权利，同时，尊重各成员国主权独立的地位，保持了各国知识产权法律制度的完整性和自主性。正是这些基本原则的设立，实现了《巴黎公约》这一工业产权国际保护制度的普遍包容性和充分有效性。

3. **立法的引导性**

（1）推动国际法层面发展

《巴黎公约》首次确立了国际工业产权保护的范围和总体框架，工业产权领域中的许多条约都是在它的基础上制定的。

---

[1] 退出声明同样通过外交途径提交，在提交退出声明一年后，《巴黎公约》将自动停止对该国生效。

[2] 《巴黎公约》第1条第4款。

（2）促进国家法层面发展

《巴黎公约》确定的基本原则和制度不仅是所有联盟成员国共同遵守的准则，更成为各成员国工业产权制度或修订本国工业产权法的依据。同时，《巴黎公约》对非联盟成员国的工业产权立法也有重大影响。据不完全统计，1883 年《巴黎公约》缔结之时，已颁布了专利法的国家仅有 10 余个❶，《巴黎公约》建立之后，伴随着百年历程，世界大多数国家基本都遵循《巴黎公约》的基本原则建立了专利制度，专利制度得到了普遍发展。

从 1883 年缔约至今，《巴黎公约》已经走过了 130 余年的历史，其所设立的国民待遇原则、优先权原则和专利独立性原则在消除了突破了申请主体和对现有技术认定日期的地域性的同时，也首次明确、统一和固化了专利权保护和权利行使的地域性特征，从而确立了专利国际协调的基调。其立法的整体性、包容性和引导性树立了专利国际协调的立法典范，推动了各国国内专利制度建设，也为专利国际协调的未来发展奠定了坚实基础。

三、变革坎坷——《巴黎公约》的局限性和发展

第二次世界大战以后，越来越多的国家制定了专利法和其他工业产权法律。随着经济复苏和技术发展，人们逐渐认识到在专利领域中各自为政所带来的法律分歧、程序重复、审批缓慢、费用较多等问题，从而产生了在专利领域进一步合作的愿望。❷ 特别是市场的不断扩大、新技术的不断涌现和国际技术合作的日益发展，使得在专利领域强化国际协调越发必要，朝向专利一体化方向协调的趋势渐生。面对新时代赋予的使命，作为国际专利协调奠基石的《巴黎公约》，也以积极的姿态应对，但几番尝试，难掩其自身的历史局限性，即牢固的“地域性”原则，使得其在应对专利国际协调的新趋势新诉求方面力不从心、终难突破。

❶ 英国、美国、法国、荷兰、奥地利、俄罗斯、普鲁士、瑞典、西班牙、智利、巴西、印度、阿根廷等。

❷ 汤宗舜．专利领域国际协调的发展［G］//中国专利局专利法研究所．专利法研究 1991．北京：专利文献出版社，1991．

（一）自身基因的固有局限

1. 国家法协调举步维艰

《巴黎公约》的实体条文，明确规定了各成员国的国内有关法律（主要包括各国的专利法、商标法、反垄断法或不公平竞争法）不能违背的一些共同准则，亦即对于所有参加国的国内法提出的起码要求。同其他涉及民事权利的国际公约一样，《巴黎公约》的最低要求只限于各国工业产权法应当保证权利人享有哪些权利。至于怎样获得这些权利，怎样行使这些权利，对侵犯权利的行为怎样处理等，各成员国都有权自由酌定。[1]

由此可见，《巴黎公约》并非自成一体可直接适用的技术性法律，而仅是通过一些原则性的规定促使缔约国的法律规范达到最低要求。《巴黎公约》主要解决了缔约国国民在其他缔约国获得专利和其他工业产权保护的权利，这也是该公约最初订立的目的，而对于有关法律只进行了极其有限的协调。故此，《巴黎公约》从未意图抑或说是无法对各国专利法律制度的一致性加以协调。

2. “地域性鸿沟”无法逾越

地域性特征是知识产权的固有属性之一，任何国家授予的知识产权只能在本国范围以内得到保护，这是由国家主权原则和国家利益所决定的。随着国际经济贸易的发展，各国发现严格地遵守知识产权的地域性不利于国际交流，于是才有了以《巴黎公约》为代表的一系列知识产权领域的国际公约的诞生，其意图在于实现知识产权的国际化保护。然而，随着经济全球化与全球一体化的快速发展，《巴黎公约》确定的三大基本原则之一的“专利独立性原则”，使得地域性难于突破，也就是说其实质上仅是在申请专利的地域性方面消除了地域性差异（允许跨国申请，且保留了专利申请的新颖性），而在授权地域性、权利行使和保护的地域性等方面，则进行了明确、统一和固化。这一结果使《巴黎公约》成为其他方面地域性突破的屏障。

3. 保护规则难于统一

《巴黎公约》主要规定了知识产权国际保护的实体内容，较少涉及知识产权实施程序的规定，尤其是缺乏必要的执法措施和争端解决机制，

---

[1] 郑成思. 谈谈保护工业产权巴黎工业的几个问题 [J]. 法学研究，1983 (3).

以至于一些条款成为没有足够法律约束力的“软法”。[1]在知识产权实施方面，《巴黎公约》并无统一的国际规则可供遵循，主要是由各缔约方通过国内立法采取种种不同措施[2]制裁侵权行为。这就使得知识产权往往不能得到充分有效的保护，而且因国而异，不能实现一体的保护。

由此可见，从权利的产生到权利的行使所涉及的程序法、实体法到专利保护和争端解决机制等重要方面，《巴黎公约》均明确并保留了其具有的“地域性”；这些“地域性”一方面构成了《巴黎公约》自身发展的束缚，另一方面也成为日后专利国际协调的主要方面。

（二）矛盾难调的坎坷变革

1.《巴黎公约》的修改

为适应形势的发展，《巴黎公约》于 1967 年通过了该公约的斯德哥尔摩文本之后，从 1980 年开始先后在日内瓦、内罗毕等地举行了 4 次会议，研究新一轮的修改。发达国家和发展中国家基于各自利益，在修改《巴黎公约》问题上斗争激烈，发展中国家强烈要求尽早召开修改《巴黎公约》的外交会议，对斯德哥尔摩文本作出有利于发展中国家利益的修改，而发达国家则极力维护现在有效的文本，推迟外交会议的召开，尽量不修改或少修改现有文本。由于意见尖锐对立，未能达成一致，目前有效的文本仍是 1967 年修订的斯德哥尔摩议定书。

2.《巴黎公约有关专利部分补充协定》草案的搁浅

WIPO 又提出了《巴黎公约有关专利部分补充协定》草案。该草案中既包括实体法内容，也包括程序法内容。在多年努力的基础上，WIPO 于 1991 年 6 月召开《巴黎公约有关专利部分补充协定》第一阶段外交会议。会议上发展中国家与发达国家就草案中有关实体法内容的议题分歧严重，尤其是发展中国家不支持美国等发达国家强化专利保护的主张，谈判未能达成一致。由此，在 WIPO 框架下对该草案的谈判搁浅，改造《巴黎公约》的初步尝试未能成功。

3. 国际工业舞台的角力

几番针对《巴黎公约》的改革尝试，突显了发展中国家与发达国家

[1] 孙皓琛. WTO 与 WIPO：TRIPS 协议框架中的冲突性因素与合作契机之探讨［J］. 比较法研究，2002（2）.

[2] 吴汉东. 知识产权国际保护制度的变革与发展［J］. 法学研究，2005（3）.

围绕着技术贸易涉及的知识产权的矛盾或斗争，进而导致了两大阵营在推动《巴黎公约》改革的一系列问题上强烈对立。

（1）发展中国家谋求经济发展

发展中国家面临发展民族经济的历史任务，一方面急需从发达国家引进先进的技术，另一方面又不愿意被发达国家所控制。发展中国家既重视本国的知识产权立法，又十分重视国际知识产权公约或条约的签订或修改。发展中国家在其知识产权立法方面，秉承着几大原则：一是坚持国家的主权原则，二是坚持平等互利原则，三是坚持参照国际惯例的原则。发展中国家为了改变国际技术贸易的原有秩序，改变国际技术贸易中的不平等关系，开展了联合斗争。《巴黎公约》成为斗争焦点，发展中国家更热衷和拥护《巴黎公约》，并希望借对《巴黎公约》的修改促进本国社会经济。譬如，发展中国家试图提出，为了实现真正的平等，发展中国家可以给予外国人与本国国民不同的待遇，可以向外国人征收比本国国民更高的费用，可以给外国人以较短时间的专利权等，同时还要求发达国家应给予发展中国家公民优惠。发达国家自然不会轻易同意发展中国家的意见。

（2）发达国家维护既得利益

不可否认，《巴黎公约》的诞生，最初主要是为了维护发达国家的利益而制定的，因此，在推动《巴黎公约》的改革方面，发达国家极力维护其既得利益，巩固自己在保护工业产权方面的优势。从维护自身利益角度，发达国家坚持强保护，扩大保护范围，并意图进一步强化实体法内容。譬如，在专利保护范围的协调方面，一部分发展中国家提出的方案中，除了涉及公序良俗、科学发现以及核裂变产生的物质不得保护外，还规定以下发明不能得到专利保护：动植物新品种及其主要是生物学的生产方法和人或动物的医疗方法。与此同时，还规定缔约国可以根据公共利益、国家安全、公共卫生、营养、国家发展和社会安全的理由，依国家法律将某些技术领域的产品或制造这些产品的方法排除于专利保护之外。由于该方案排除专利保护范围过广，发达国家便持强烈反对态度。[1]

发展中国家和发达国家两方利益的冲突也最终导致《巴黎公约》的

[1] WIPO 于 1991 年 6 月召开《巴黎公约有关专利部分补充协定》第一阶段外交会议议案。

改革难有突破性进展。

（三）另辟蹊径的新生模式

在当时的历史时期，从政经角度来看，发达国家之间、发达国家与发展中国家之间利害冲突较为凸显，矛盾错综复杂，各种利益关系相互交错，互相牵制。尽管国际化的趋势日益明显，但看法分歧，争论十分激烈。一方面各国的发展水平差距很大，各自都要维护自身的利益，另一方面各国现行的专利法实质性的条款内容存在较大的差异，要在《巴黎公约》框架下进行协调任务十分繁重。[1] 从《巴黎公约》自身角度分析，那些被《巴黎公约》保留下来的地域性原则也成了改革的障碍，无法进行实质性突破。在多重因素综合作用下，专利国际协调领域陆续涌现出新的国际合作模式和新的国际条约。

四、举足轻重——基于《巴黎公约》的未来专利国际协调展望

回到专利国际协调产生和发展这一视角，《巴黎公约》在专利制度的发展史上首次承认、固化和统一专利的地域性原则，其历史贡献卓著，使得当时准备建立专利制度的国家打消了顾虑，《巴黎公约》也为这些国家法律乃至后来的国际法律的产生建立了范本，很好地推动了专利制度在世界范围内的普及。但是跨越百年历史时空，重新审视《巴黎公约》对地域性的种种规定，也正是这些地域性原则的保留构成了未来国际协调的障碍和主要内容，《专利合作条约》、《欧洲专利公约》、TRIPS、《专利法条约》、PPH 机制等，正是汲取《巴黎公约》的优秀经验并在某些地域性原则上加以一一突破，才取得了进展，进而呈现给世人一个精彩纷呈的专利国际协调大舞台。展望未来，《巴黎公约》能否续写辉煌，笔者在此作初浅探讨。

（一）是否继续作为专利国际协调的基础？

《巴黎公约》为什么会成为后来专利国际协调的基础？其实，《巴黎公约》有意无意中已经实现了一个平衡，那便是富国与穷国的平衡、先

[1] 高卢麟．论专利制度国际发展趋势和争论焦点［G］//中国专利局专利法研究所．专利法研究 1991．北京：专利文献出版社，1991．

进国家与落后国家的平衡、专利制度建立早与建立晚的国家的平衡，特别是在利益分配方面，由于发明创造而产生的这种跑马圈地与利用先进技术成果利益追求上的平衡。《巴黎公约》通过明确、固化地域性差异，加上其自身引入一些制度（例如，除了三大基本原则之外，还规定了强制许可制度等），巧妙地实现了这种平衡。正因如此，才会有众多国家认可《巴黎公约》，并且毫无顾虑地加入该公约。这也是为什么《巴黎公约》能够成为后来专利国际协调的主要基础。

纵观国际、国家层面专利制度的发展，专利权始终是带有强烈地域性又兼具国家利益和全球社会经济发展状况深刻烙印的权利属性。这样的权利属性在从专利权的产生到权利的行使过程中体现为多个具体的权利形态要素。而各国专利权的权利形态要素差异性，便成为专利国际协调一体化进程中需要逐一攻破的法律问题。从国际视角看，目前专利国际协调所作的所有努力，还只是为了能够接近授权一体化这样的目标，其历史任务是继续消除地域性差异。而这绝非易事，特别是广大的发展中国家仍然拥护《巴黎公约》，所以，可预见未来一段时间内的专利国际协调仍继续围绕《巴黎公约》所奠定的协调基础展开。

（二）能否继续主导专利国际协调的发展？

《巴黎公约》能否持续主导专利国际协调的发展？乃至未来的国际协调能否摆脱《巴黎公约》？这个问题，仅讨论《巴黎公约》自身的发展难以得到答案，需要审视整个百年专利国际协调发展脉络。从《巴黎公约》之后取得的国际协调新成就来看，占优势地位的发达国家集团虽多番尝试另辟蹊径，但始终无法绕开《巴黎公约》奠定的协调基础，于是干脆另起炉灶，试图摆脱《巴黎公约》。这种尝试并非是徒劳的，例如，《专利法条约》的订立，已经部分地摆脱了《巴黎公约》。

但是，活跃在当今专利国际协调舞台的这些主角，即《专利合作条约》、《专利法条约》、PPH 机制等，均继承了《巴黎公约》的部分基因，而三者吸纳了世界主要经济体，成员之间也多有重合，三者之间的共振发展极有可能成为未来专利国际协调的方向之一。这种专利国际协调是不是有可能完全摆脱《巴黎公约》，确是一个未解之题。未来走向如何，既取决于谁的话语权大、谁在主持国际协调，更离不开世界政经的大形势和专利国际协调所发挥的历史价值。

（三）是否成为各国在未来专利国际协调中始终坚守的阵地?

实际上，纵观国际协调发展脉络，不难看出，在专利国际协调中有三种立场：第一是坚持《巴黎公约》，第二是试图去变通《巴黎公约》，第三就是放弃《巴黎公约》。这三种根本的参与立场，其本质差别就是是否坚持《巴黎公约》所确立的专利地域性原则。

远望《巴黎公约》之后百年的国际协调实践，便可发现其中端倪：发展中国家更多是采取坚持或变通《巴黎公约》的立场，本质上不愿意脱离《巴黎公约》框架，而发达国家更热衷对其进行突破。例如，WTO框架下 TRIPS 的生效与执行，就是对《巴黎公约》的极大突破；TRIPS不仅将知识产权与贸易相挂钩，而且还大幅度促进了专利制度的统一化，加强了专利保护，削弱了地域性原则；相比《巴黎公约》，TRIPS 像是踩在巨人肩膀上，优势立显。美国主导的 TPP 协定，更是效仿 TRIPS 模式，进一步放弃《巴黎公约》已有的基本原则。在 TPP 框架下，当发生了大的国与国、企业与企业之间的知识产权争端后，不是利用现有的司法体系去解决，而是通过一个商业性的机构，其根本目的就是打破《巴黎公约》的地域性制度设计，甚至是突破国家主权。

由此可见，未来专利国际协调不会是延续《巴黎公约》框架这唯一的发展方向，而是有多种可能，不同的势力都会介入专利国际协调之中，进而左右专利国际协调的大方向；但是无论将来走向何方，《巴黎公约》作为专利国际协调百年经典的历史地位不会被动摇。

从独立到合作

——《专利合作条约》的时代贡献

刘　芸[❶]

摘　要

《专利合作条约》(PCT) 构建了首个专利申请国际体系，从独立到合作迈出了坚实一步。《专利合作条约》被认为是继《巴黎公约》之后专利领域里最重要的国际条约。它是《巴黎公约》的继承和发展，更是世界专利格局的标志性进步。它在《巴黎公约》的专利独立性原则基础上，通过统一和简化跨国申请专利格式和手续所建立的专利国际申请体系，首次使各国在专利申请程序上实现了合作。其所提供的统一的审查程序框架，为专利国际合作打破地域性提供了可能，也为协调实体专利法提供了平台。本文力图通过追溯《专利合作条约》的缘起，在简要概括其发展现状，充分肯定其历史意义的基础上，客观审视其局限性，从而展望其未来的发展空间，并提出我国的相关对策建议。

关键词

专利合作条约　巴黎公约　专利协调　国际合作

❶ 作者单位：国家知识产权局专利局初审及流程管理部。

一、《专利合作条约》的缘起和发展

（一）经济飞速增长催生专利领域新需求

战争是暴力相向，而贸易则是互通有无，贸易是对战争的替代，是化战争为竞争，化劫掠为交换，化异类为商伴的美妙之事。“二战”后出现了长期的和平时期，贸易昌明，经济飞速发展，新技术、新材料、新发明层出不穷。随着国与国间贸易的频繁进行，跨国公司出现，对传统民族国家的法律体系形成挑战，成为经济全球化的一个环节，在国际商事领域异常活跃。这些因素投射到专利领域，也催生了专利领域的新需求，即不局限于一国的专利保护，去政治化、去中心化、去主体化的呼声逐渐兴起，全球专利一体化的梦想渐成雏形。而在当时运行已半个多世纪的《保护工业产权巴黎公约》（以下简称《巴黎公约》）难载重任，在专利领域建立新的合作机制的呼声日渐强烈。[1]

在政治领域，南北关系在20世纪60年代末出现松动，改弦更张的发展中国家开始大量涌入各国际组织的谈判桌前；东西关系也日趋缓和，美苏的冷战思维下筑起的高墙逐渐瓦解，谈判和对话成为可能；“二战”后欧盟成立，在欧洲区域内逐渐形成一体化模式，实现合作和共赢，为更大范围的国际合作提供范本。

（二）专利国际合作在妥协中前行

PCT体系从酝酿到正式开始运行经历了10多年的时间。在国际合作的舞台上矛盾错综复杂，发达国家之间、发达国家与发展中国家之间利害冲突，各种利益关系相互交错，互相牵制。尽管国际化的趋势日益明显，但看法分歧，争论十分激烈。一方面由于各国的发展水平差距很大，各自都要维护自身的利益，另一方面各国现行的专利法实质性的条款内容存在较大的差异，要在《巴黎公约》框架下进行协调任务是十分繁重的。[2] 在《巴黎公约》的改革遇到巨大阻力因而停滞不前的情况下，世界知识产权组织（WIPO）的国际法专家们另辟蹊径，酝酿在《巴黎公约》

---

[1] 鲁楠．全球化视野下的法律与发展［M］．北京：法律出版社，2016.

[2] 高卢麟．论专利制度国际发展趋势和争论焦点［G］//中国专利局专利法研究所．专利法研究1991．北京：专利文献出版社，1991.

下制定一个子条约，实现制度突破的目的。1967 年、1968 年、1969 年先后提出 3 份草案，举行了多次磋商会议和专家论证会。1970 年 6 月 19 日在华盛顿召开外交会议，通过了《专利合作条约》（PCT）及其实施细则，当时 35 个国家签署了通过条约的文件。在经过技术法律准备之后，1978 年 1 月 24 日 PCT 第Ⅰ章生效（提交、受理、国际检索、国际公布）；1978 年 3 月 29 日 PCT 第Ⅱ章生效（国际初步审查）。1978 年 6 月 1 日接收申请人提交的申请，PCT 体系正式开始运行。

PCT 订立之初，1978 年运行时的成员国只有 18 个，但 PCT 体系的发展非常迅猛，成员国覆盖范围辽阔，截至 2018 年 5 月 31 日，PCT 的成员国达到了 152 个。

从申请量上看，PCT 体系的发展速度也是惊人的。1978 年全球的申请量是 636 件，2016 年全球的申请量达到 233000 件。截至 2016 年底受理的申请总量已超过 323 万件。回顾过去，申请量达到 25 万件用时 18 年，而使这一数字翻一番（50 万件）仅用 4 年时间，再翻一番（100 万件）又仅用 4 年时间。

通过与其他知识产权国际条约横向比较，也能了解 PCT 的地位与重要性。从成员国数量看，PCT 成员国的数量占《巴黎公约》所有成员国的 85%多，❶ 较 WIPO 管理的另外两个知识产权条约（一个是商标相关的马德里国际注册体系，另一是外观设计的海牙体系）的成员国数量多得多，从申请量上看也不是一个数量级的。据了解 WIPO 组织很大一部分收入就是来自 PCT 体系下的申请费用，可以说 PCT 在知识产权领域的地位举足轻重。

二、《专利合作条约》的制度价值和突出贡献

PCT 被认为是继《巴黎公约》之后专利领域里最重要的国际条约，具有里程碑意义。如果说《巴黎公约》是建立了各国专利制度的普适原则，PCT 则是建立了专利领域第一个具体的可操作的规范。PCT 体系的建立，重新构建了世界范围内的专利申请格局，专利申请的途径从普通申请途径和《巴黎公约》申请途径，拓展到 PCT 申请途径。前 WIPO 总

❶ 数据来源 www.wipo.int，统计截至 2018 年 5 月 1 日。

干事鲍格胥曾对PCT作出过“当时最好（的条约）”的高度评价。

（一）发扬了《巴黎公约》原则

如前所述，随着时代变迁、专利制度国际协调的发展，《巴黎公约》由于自身固有局限、全球化趋势下带来的巨大挑战以及各种利益之间的交错和互相牵制，未能改造成功，通过《巴黎公约》实现全球专利一体化的梦想破碎。PCT的缔结，正是在这种情况下退而求其次的尝试。作为《巴黎公约》的子条约，它基于《巴黎公约》的框架，对《巴黎公约》关于专利制度的规定进行了发展和扩充。

PCT继承了《巴黎公约》中的三大卓越原则：优先权原则、国民待遇原则和专利独立性原则。在此基础上，PCT结合国际专利制度协调发展，努力突破《巴黎公约》制定时全球工业产权保护环境下的时代局限，对《巴黎公约》中的规定进行扩展，建立国际申请体系，通过技术性条款来统一专利申请的程序性规范。

（二）搭建了《专利合作条约》平台

PCT是目前世界上涉及在多国取得专利保护的最重要的条约，凝结了许多人的智慧结晶。条约在筹备、签订和发展中耗费了大量的时间和心血。在专利发展中，实现了专利申请和审查的国际统一，其在地域上的突破是专利国际协调的一大步。正可谓因时而动、顺势而为。

首先，PCT建立了专利国际申请体系，实现了跨国申请的直接申请途径，促进了专利申请的全球一体化，使得PCT其成为各国申请人取得多国专利保护的有效途径。缔约国的申请人和专利局都受益于统一的格式要求、国际检索、补充国际检索、初步审查报告以及统一的国际公布，同时为申请人及各个缔约国的专利局节省了一定的成本。其次，其提供了统一的审查程序框架，PCT和PCT细则设立了一整套审查程序，并据此在国际阶段设立了受理局、国际检索单位和国际初审单位等机构。最后，其搭建了协调实体专利法的平台，堪称国际协调的典范。PCT体系所执行的专利法律规范对于专利国际协调具有重要的导向作用，其从较容易达成一致的程序性规定着手，逐步渗透，促使各国专利法对程序性、形式要件的规范趋同，为弱化专利申请制度的地域性、统一实体要件创造了发展空间。

三、《专利合作条约》的局限性及发展空间

从各个角度衡量，PCT 都取得了实际意义上的成就，可以说 PCT 业已成为国际专利体系中的中流砥柱。但是，许多 PCT 原先要解决的问题仍然存在于国际专利体系中。作为《巴黎公约》的子条约，虽然 PCT 在专利国际合作上形成了相对统一的国际阶段，但由于无法突破地域性的限制，其国际阶段工作结果对指定国仍没有法律约束力，在进入国家阶段后仍然需要依据各国国内法作为专利授权的法律依据。另外，在运行多年后，虽然是国际专利制度协调的重要平台和工作基础，PCT 仍难当实现全球专利终级梦想的重任。

（一）《专利合作条约》的局限性

1. 无法突破专利独立性原则

由于自身特性的限制，PCT 作为《巴黎公约》的子条约对于专利独立性原则无法突破。

作为《巴黎公约》的子条约，PCT 在专利权的授予上继续遵循了《巴黎公约》的“在不同国家就同一发明取得的专利相互独立”的原则。因为 PCT 没有把与专利权有关的、可能涉及国家主权的内容放入“合作”的范畴。换言之，其避开了与专利权有关的敏感问题，而在比较容易协调一致的申请和审查等方面进行合作，从而比较容易使不同政治体制、不同经济水平的发达国家与发展中国家共同结盟于条约之下，也才有可能使 PCT 的成员国遍及世界，申请量超过 200 万件，取得非凡的成就。

但是事物的发展必然存在另一面。PCT 体系的国际申请程序包括以该条约为依据相对统一的国际阶段和以各国法律为依据相对独立的国家阶段，统一了国际检索、国际初步审查的要求、执行机构和程序，但是其结果对指定国却没有法律约束力。由于专利独立性原则无法突破，因此“国家阶段”无法统一。这一先天不足，导致 PCT 自身的问题无法根本解决。例如，国际申请在程序上规定的复杂化无法解决，重复性工作不能根本消除，各局的工作成果无法完全共享，申请的费用、手续不会明显减少。

2. 受限于历史因素

的确，PCT 取得了历史的飞跃。然而，必须正视的是，它也是各成员国、各利益集团妥协的产物，从 PCT 的起草到近年来的改革，始终伴随着无尽的谈判、数以百计的会议。从浩繁的会议资料中我们看到，其间有针锋相对，有反复，有退让，有妥协，有政治立场的考量，有分属不同阵营的对立和分歧，这就决定了 PCT 本身无法完美，无法达到自己设定的理想状态。同时由于秉承了《巴黎公约》宽容和正向引导的理念，也是为了吸引更多成员国的加入，PCT 接受了各国的特殊要求，允许成员国对条约某些条款进行保留。总体而言，就对申请人的要求和对申请形式的规范来说，PCT 对成员国的规定相对宽松。这些宽松和保留，我们可以从以下几方面的表现来一窥端倪，它们在客观上造成了 PCT 体系的复杂和进行根本变革时的举步为艰。

第一，PCT 对寻求保护的主体申请人作了统一规定，同时又强调某些指定国的特殊要求，如证明文件、进入期限等；第二，其统一了国际申请的形式要求及审查程序，同时又允许各指定国在一定限度内保留国家要求［（PCT 第 27 条（2）、PCT 实施细则第 51 条（2）］；第三，其规定由国际局统一完成国家公布程序，对于公布的效力各指定国又有不同的规定；第四，其统一了国际检索、国际初步审查的要求、执行机构和程序，虽然随着各国专利制度不断向国际化靠拢，国际阶段结果的利用度已逐渐加大，但是其结果对指定国没有法律约束力，仍然是一个残酷而无法改变的事实。

3. 无法满足时代发展的更高要求

经济全球化的迅猛发展，占领全球市场已是越来越多跨国公司的目标，为了维持竞争优势和垄断地位，各公司常常采取同一发明在多个国家申请专利的策略。建立统一的专利制度成为这类公司的愿望，在此背景下发达国家大力推动专利制度的国际协调，进展缓慢，在 PCT 体系内难见成效。

申请量持续增加，在审案件存量增多，专利局压力巨大，PCT 体系不堪负重。互联网经济蓬勃发展，新问题、新形势层出不穷，有待 PCT 积极应对。为使专利局的工作成果能够得到广泛利用，一些专利局已经启动了试点项目，通过签订双边或多边协议使各局之间共享利益。这些项目给 PCT 带来了冲击和挑战。

虽然 2015 年 PCT 全球申请量仍然保持增长势头，但是 1.7%的增长率并不值得称道，这也是近年来增长率首次出现的负增长。排除全球经济形势的因素，不由使人质疑在暗流涌动下，PCT 风光不再，发展存在隐忧。

4. 组织机构运行机制的日趋复杂

这一点在近年来 PCT 工作组会议中热议的“指定国际单位”的议题上表现尤为明显。

对于该项制度的改革涉及两个具体的方面，分别是制定标准申请表格及加强对于《PCT 国际检索和初步审查指南》第 21 章质量管理体系的要求。关于制定用于申请成为国际单位的标准申请表格的建议，在 2015 年的 PCT 第八次工作会议上已经得到了确认，相关表格已经于 2015 年 9 月在质量小组论坛上公布，表格内容在第七次五局工作组会议上也进行了讨论。关于加强对指南第 21 章的审查，强化有关质量管理体系的改革议题，国际局主要是邀请各国际单位发表意见看是否有必要将第 21 章的要求改为强制性要求，同时国际局也提醒各国际单位考虑新的要求是否也适用于那些到期后谋求重新指定的现有国际单位。

关于指定国际单位的标准，目前，成为国际单位的最低要求包括 4 项：100 名审查员，拥有最低限度文献，具有检索、审查的语言能力，有质量管理体系。在之前 PCT 工作组的讨论中，各方达成一致意见，对 PCT 实施细则的强制性原则不作调整，而是审查《PCT 国际检索和初步审查指南》第 21 章以强化质量管理体系的相关要求，以及为指定请求制定标准申请表格的具体建议。因此改革的方向是对《PCT 国际检索和初步审查指南》第 21 章关于国际检索和国际初步审查的通用质量框架进行审查，将目前只作为建议的要求修改为强制性要求。

随着越来越多的成员国专利局希望成为新的国际单位，修改指定国际单位的标准与其说是技术问题，不如说是政治问题。技术标准低，国际单位就会增多，但是能力、水平参差不齐，客观上会导致质量和效率方面的差异。设定更高更严格的标准有利于提升国际单位的服务水平，但是也会使发展中国家的专利局较难满足条件。因此，标准之争也是进入 PCT 制度核心圈的政治利益之争。

总之，PCT 在对专利国际协调突破地域性方面所作的贡献是非常有限的，与同样是知识产权注册体系的《海牙协定》和《马德里协定》比较也逊色不少。究其原因，首先，同为知识产权形态，外观设计和商标由于其自身具备的显著性特点，授权标准相对明确和易操作，在成员国之间容易达成一致，而专利由于其技术复杂性和各国技术发展水平不均衡等原因，授权标准复杂且难于统一；其次，不容忽视的另一个原因是，《马德里协定》和《海牙协定》都远早于 PCT 签订和生效，各成员国之间尚处于蜜月期，共同的协议易于达成，而 PCT 在草案制定之初，就面临着各利益集团的利益争夺，其自身也是《巴黎公约》陷入泥潭的产物，难以在地域性突破方面再迈一步。

（二）《专利合作条约》发展趋势预判

纵观近年来 PCT 制度的变化发展，笔者认为 PCT 虽然难当实现全球专利终级梦想的重任，但它将会是未来国际专利制度协调的重要平台和工作基础，成为全球专利一体化的实践舞台。PCT 体系从根本上说是一种虚拟的国际申请体系，在未来的很长一段时间里不可能推倒重来，解决之道在于纳新不吐故，增加国际协调的各个接口。

首先，PCT 体系已经基本完成跨国专利申请程序方面的统一，有得天独厚的条件和基础；并且，互联网技术的发展和应用将进一步推动 PCT 国际专利申请程序一体化的进程。其次，PCT 体系未来发展的趋势之一是不断提高国际阶段工作成果的质量，提升国际阶段工作成果的价值，这将为专利国际协调提供重要支撑。最后，通过推进 PCT 体系国际阶段和国家阶段融合的方式逐步实现各国对 PCT 国际阶段工作成果的承认，最终实现国际专利制度的协调。

PCT 体系既提供了一个合作的 PCT 程序，同时又实现了服务的功能，这两点既体现了体系的核心价值，又是其魅力所在，也对其后产生的《专利法条约》（PLT）和《专利审查高速路机制》（PPH）有着强大的吸引力，具体体现在：PCT 在国际阶段完备的程序规范及标准表格，可以被 PLT 直接援引和利用；PCT 服务所提供的国际阶段的评价结果，可以被 PPH 作为加快审查的依据。

四、小　结

PCT 已经成为专利领域最为重要的国际条约之一，对于世界和我国都有十分重要的意义。1993 年 10 月 1 日，我国政府向 WIPO 递交了

PCT 加入书。该加入书于 1994 年 1 月 1 日起生效，即 1994 年 1 月 1 日我国正式加入 PCT。在加入 PCT 体系的 20 多年时间里，我国的立场有着一个变迁的过程。

从 20 世纪 70 年代到 90 年代，PCT 体系处于普及阶段。其特征是大多数缔约国在这段时间加入了 PCT，逐步熟悉体系，申请量稳步持续增长；PCT 的法律法规相对稳定，修改和调整较少。我国在 20 世纪 90 年代初，也就是 PCT 普及阶段的末期加入 PCT 体系，当时我国是全盘接受，在逐渐了解和熟悉相关国际规则，处于学习和适应的过程中。我国在谈判和会议中口径温和，立场保守，基本处于观望状态。

从 2000 年开始 PCT 体系进入技术调整阶段。其特征是发达国家希望精简 PCT 申请程序，降低费用，提高电子化程度及信息传播效率，以方便其申请人利用 PCT 体系在其他国家获得专利权。PCT 的法律法规，包括实施细则、指南和规程，变化频繁，几乎每年都有修改和调整，令人应接不暇。在此期间，我国进一步熟悉相关规则，继续加强学习和适应；国家上下对于 PCT 改革给予了足够的重视，加大了对 PCT 改革的研究力度，逐渐彰显大国实力。

自从我国加入 PCT 体系，从刚开始的全盘接受，不断学习和熟悉各种规则，到逐渐适应，尤其是随着我国经济实力不断增强和我国 PCT 申请量逐年增多，我国在各种大会中的话语权及参与能力也显得越来越重要。

统观近年各国际平台“专利协调”工作的推进情况和 PCT 制度的变化发展，可以认为 PCT 将会是未来国际专利制度协调的重要平台和工作基础。首先，PCT 体系已经基本完成跨国专利申请程序方面的统一，有得天独厚的条件和基础成为未来专利制度国际协调的平台，并且互联网技术的发展和应用将进一步推动 PCT 国际专利申请程序一体化进程；其次，PCT 体系未来发展的趋势之一是不断提高国际阶段工作成果的质量，提升国际阶段工作成果的价值，这将为专利制度国际协调提供重要支撑；最后，通过推进 PCT 体系国际阶段和国家阶段融合的方式逐步实现各国对于 PCT 国际阶段工作成果的承认，最终实现国际专利制度的协调。

协调缔约国专利程序法的国际条约

——《专利法条约》

潘　晓[1]　师严涛[2]

摘　要

专利国际协调初期的要旨不在于协调各国的程序法，《专利法条约》的签订、生效及发展，首次实现了基于国际协调的国家专利程序法的统一。本文从《专利法条约》的由来和缘起讲起，在介绍《专利法条约》历史渊源、签订过程、成员发展的基础上，从对传统体系的继承、突破以及其价值三个方面，着重论述了《专利法条约》对国家专利法的深度协调，最后对《专利法条约》的局限性和发展趋势进行了详尽分析，对我国进一步参与专利国际协调具有理论和实践意义。

关键词

专利法条约　巴黎公约　专利合作条约　专利程序法　国际协调

---

[1][2] 作者单位：国家知识产权局专利局初审及流程管理部。

一、《专利法条约》的签订和生效

20 世纪 80 年代，世界知识产权组织提出对《保护工业产权巴黎公约》（以下简称《巴黎公约》）的改造，改造内容包括实体法和程序法两方面。但是谈判未能达成一致，WIPO 改造《巴黎公约》的初步尝试未能成功。TRIPS 签订之后，WIPO 按照分步改造和先易后难的思路，首先进行各国专利法中程序性条件的协调。

WIPO 于 1995 年 12 月在日内瓦召开了专利法协调国际会议，在会上提出一个新的条约讨论文本，将其名称《巴黎公约有关专利部分补充协定》改为《专利法条约》草案。67 个国家派员参加了这次会议，包括中、美、日、德、俄等国家。[1] 这正是《专利法条约》的由来。WIPO 于 1996 年 6 月、1996 年 11 月、1997 年 6 月和 1997 年 12 月先后组织召开了 4 次专家会议，讨论形成了《专利法条约》及其实施细则的基础提案。

2000 年 5 月，在日内瓦召开有关通过《专利法条约》的外交会议，共有 130 多个国家、4 个政府间组织、20 多个非政府间组织参加此次会议。经过激烈讨论，大会以协商一致的方式通过了《专利法条约》及其实施细则以及外交会议的议定声明。2000 年 6 月 2 日，条约在 WIPO 总部开放签字，包括中国在内的 104 个国家和欧洲专利局、欧亚专利局、非洲地区工业产权组织 3 个政府间国际组织在外交会议最后文本上签字。

根据《专利法条约》第 21 条规定，《专利法条约》应在 10 个国家向 WIPO 总干事交存了批准书和加入书 3 个月后生效。2005 年 4 月 28 日，即在 10 个国家向 WIPO 总干事交存了批准书或加入书的 3 个月之后，《专利法条约》开始生效。截至 2018 年 6 月 30 日，共有 40 个国家[2]已加入并实施《专利法条约》，尚无政府间组织加入该条约。各国加入《专利法条约》的时间如表 1 如示。

[1] 李顺德. 世界专利制度发展趋势的研究［G］//国家知识产权局专利法研究所．专利法研究 1998. 北京：专利文献出版社，1998：282.

[2] 朝鲜于 2018 年 5 月 22 日批准《专利法条约》，于 2018 年 8 月 22 日生效。

表 1　各国加入《专利法条约》的时间（数据截至 2018 年 6 月 30 日）

时间	缔约方	时间	缔约方
2005 年 4 月 28 日	爱沙尼亚	2009 年 12 月 18 日	列支敦士登
	丹麦	2010 年 1 月 5 日	法国
	吉尔吉斯斯坦	2010 年 4 月 22 日	前南斯拉夫马其顿共和国
	罗马尼亚	2010 年 5 月 17 日	阿尔巴尼亚
	摩尔多瓦	2010 年 6 月 12 日	拉脱维亚
	尼日利亚	2010 年 8 月 20 日	塞尔维亚
	斯洛伐克	2010 年 12 月 27 日	荷兰
	斯洛文尼亚	2011 年 10 月 19 日	哈萨克斯坦
	乌克兰	2012 年 2 月 3 日	立陶宛
	克罗地亚	2012 年 3 月 9 日	黑山
2005 年 12 月 15 日	巴林	2012 年 5 月 9 日	波斯尼亚和黑塞哥维那
2006 年 3 月 6 日	芬兰	2012 年 5 月 27 日	爱尔兰
2006 年 3 月 22 日	英国	2013 年 8 月 3 日	沙特阿拉伯
2006 年 7 月 19 日	乌兹别克斯坦	2013 年 9 月 17 日	亚美尼亚
2007 年 10 月 16 日	阿曼	2013 年 11 月 6 日	西班牙
2007 年 12 月 27 日	瑞典	2013 年 12 月 18 日	美国
2008 年 3 月 12 日	匈牙利	2016 年 6 月 11 日	日本
2008 年 7 月 1 日	瑞士	2016 年 10 月 21 日	白俄罗斯
2009 年 3 月 16 日	澳大利亚	2017 年 1 月 4 日	利比里亚
2009 年 8 月 12 日	俄罗斯	2018 年 8 月 22 日	朝鲜

仅就成员国数量而言，《专利法条约》似乎并不是一个炙手可热的条约，但是其成员国的数量增长却呈现出蓄势待发的特点。专利申请大国或组织积极关注并在自身的专利法律制度调整过程中逐渐与《专利法条约》相适应。在《专利法条约》缔结的当年，《欧洲专利公约》进行了大范围修改，修改后关于申请程序和手续的绝大部分规范与《专利法条约》相适应。美国于 2013 年 12 月 18 日、日本于 2016 年 6 月 11 日正式加入《专利法条约》，使得各国更加关注《专利法条约》。

二、《专利法条约》的继承和突破

《专利法条约》在继承传统体系的基础上，又突破了部分传统体系的原则和规定。同时，作为一部规范专利申请程序规范的独立公约，《专利法条约》将专利申请程序中几个重要节点的规范进行了统一和完善，并且通过嵌入方式影响国家立法，从而实现了各缔约国专利程序法的统一。

（一）对传统体系的继承

从1995年到1997年，召开了5次《专利法条约》专家组会议，形成了《专利法条约》及其细则的草案，其中包含协调专利申请和专利最重要程序的形式的规定。1998年和1999年又召开了4次WIPO设立的专利法常设委员会，对专家组会议形成的草案继续进行讨论和修改，形成新的草案。2000年5月召开了有关通过《专利法条约》的外交会议，通过了《专利法条约》及其细则以及外交会议的议定声明。从历次会议报告可以看出，不同国家和组织本着自己的利益考量，提出了各种意见和建议，就很多条款进行了激烈讨论，但《专利法条约》的最后文本仍然留存着各已有国际条约的基因，推动着专利制度国际协调的前进步伐。

1.《专利法条约》遵循《巴黎公约》的有关规定

《专利法条约》脱胎于《巴黎公约有关专利部分补充协定》，虽然最终成为独立于《巴黎公约》的一个公约，但是它仍然留存着《巴黎公约》的部分基因。与此同时，因为《专利法条约》已经是独立公约了，它显然在《巴黎公约》的基础上有了进化和发展。

根据《专利法条约》第15条第1款的规定，每一缔约方必须遵守《巴黎公约》关于专利的规定，即使《专利法条约》的缔约方不是《巴黎公约》的缔约方，这一义务仍然适用。根据《专利法条约》第15条第2款的规定，缔约各方继续保留相互之间依照《巴黎公约》承担的现有义务，保留申请人和所有人依照《巴黎公约》享有的权利。这条很好地说明了《专利法条约》与《巴黎公约》的依存关系，也表明《专利法条约》不试图减损《巴黎公约》的义务和权利，同时要求非《巴黎公约》成员的缔约方也应当遵守《巴黎公约》的规定。

该条中提及的《巴黎公约》中关于专利的规定，是指《巴黎公约》第2条至第5条之四、第11条和第12条。《巴黎公约》第2条和第3条规定了国民待遇原则，第4条规定了优先权原则，第4条之二规定了专利独立性原则，而国民待遇原则、优先权原则、专利独立性原则是《巴黎公约》的三大基石。《专利法条约》的这条规定说明它完全继承了《巴黎公约》有关专利规定的核心和精髓。《专利法条约》第15条虽然只是全部27条中很简单的一条规定，但是体现了《专利法条约》对于现有专利领域立法精神的完全继承。

2.《专利法条约》援引《专利合作条约》的有关规定

从《专利法条约》及其细则的文本中，《专利合作条约》出现了十多处，甚至直接援引了《专利合作条约》的部分规定，比如关于申请形式或内容的要求、请求书表格的要求、费用的要求等。

将《专利法条约》和《专利合作条约》关联的建议最早是由美国代表团在1996年11月召开的《专利法条约》第三次专家组会议上提出的，专家组经过讨论接受了这个建议。国际局认为，《专利法条约》最早的草案中包含了缔约方可以就申请形式要求所作出的大量规定，这实际上是建立了一套与已经存在的基于《专利合作条约》标准不同的国际标准。既然在WIPO框架下建立两套关于专利申请形式和内容的不同国际标准是不合理的，同时考虑到《专利合作条约》的标准已经存在，那么最合理的办法是最大限度地将现有的《专利合作条约》的标准纳入《专利法条约》中。

随后，在1997年6月召开的《专利法条约》第四次专家组会议讨论的《专利法条约》草案中，很多条款就援引了《专利合作条约》中的规定，包括美国、日本、欧洲专利局和中国在内的很多与会代表对此都表示认可和支持，认为这样简化了条款的表述，同时增加了《专利法条约》的接受度。

例如，《专利法条约》第6条第1款关于申请形式或内容的规定、第6条第2款以及细则第3条第2款关于请求书表格的规定，都是通过援引《专利合作条约》的方式作出规定。其中，《专利法条约》第6条第1款（Ⅰ）项规定缔约方可以使用《专利合作条约》对于国际申请有关形式或内容的要求，短短几个字就援引了《专利合作条约》及其实施细则中十多条规定。

在1997年12月召开的第五次《专利法条约》专家组会议上，美国、日本等代表团提出，应当考虑《专利法条约》与《专利合作条约》以后修改的协调。因此，《专利法条约》第 16 条对《专利合作条约》的修订、修正和修改的效力作出规定。

正是因为《专利法条约》与《专利合作条约》之间紧密的关联性，才有该条款存在的必要性。《专利法条约》援引了《专利合作条约》中更具体、更有操作性的规定，一旦《专利法条约》中援引《专利合作条约》的规定发生了修改或修正，通常会影响《专利法条约》的理解和使用，因此有必要研究是否使用这些变化。需要注意的是，《专利合作条约》的修改或修正并不是自动适用于《专利法条约》，而是需要一方面判断这些变化在原则上是否与《专利法条约》保持一致，另一方面需要大会表决通过。另外，鉴于《专利合作条约》中对于规则修订设有保留制度，缔约方有权就某些修改后的条款以与国内法不一致为由进行保留；但是由于《专利法条约》设立目的是统一专利申请的形式和内容，如果继续允许各缔约方进行保留，必然会导致各国的规定仍然存在不一致，将会破坏《专利法条约》的宗旨和目的，因此对于《专利合作条约》中仍然存在保留的条款，《专利法条约》将不会接受这些存在分歧的条款。

《专利合作条约》已经成功运作几十年，而且成员国数量也比较多，为《专利法条约》的实施提供了成熟的经验和广泛的基础。《专利法条约》通过援引《专利合作条约》立法，又对如何适用《专利合作条约》以后的修订、修正或修改作出规定，可以说在申请和请求书的内容和形式问题上，《专利法条约》与《专利合作条约》力求一致，很好地继承了《专利合作条约》现有申请体系的优势。这从某种程度上也推动了《专利法条约》的签订进程。

（二）对传统体系的突破

《专利法条约》在继承《巴黎公约》和《专利合作条约》的基础上，本着用户友好的宗旨，对于两者的原则和规定又实现部分突破，统一了程序法若干主要规范，同时为了克服实体申请文件远距离传输的不便和低效，《专利法条约》还积极推进专利申请的电子化，为专利申请、审查的跨地域协作提供了客观保障。

1. 适用国民待遇原则和最惠国待遇原则

国民待遇原则是《巴黎公约》确立的三大原则之一。最惠国待遇作为多边框架下知识产权公约所必需的一项原则，始于 TRIPS。在此之前，最惠国待遇原则并不包括在知识产权公约中。世界贸易组织（WTO）争端解决机构已经通过案例确认，国民待遇原则和最惠国待遇原则是TRIPS的两项基本原则，前者管辖本国（地区）与他国（地区）间的关系，后者负责处理本国（地区）之外其他国家（地区）之间关系。最惠国待遇与国民待遇间的“共振”为知识产权制度在全球范围内的趋同化或一体化准备了条件。[1]

《专利法条约》第15条明确缔约方必须遵守《巴黎公约》关于专利的规定，其中就包括国民待遇原则。同时，《专利法条约》继承了TRIPS的最惠国待遇原则。《专利法条约》中很多规范都很好地体现了这两大原则。比如，接受任何语言的说明书作为确定申请日的必要文件，对于某些程序取消强制代理的限制。正是因为《专利法条约》将这两大原则作为基础，才能很好地实现其用户友好的宗旨，真正方便申请人向外国申请专利，在专利协调统一的道路上迈出一大步。

2. 扩大缔约方范畴

根据《巴黎公约》第20条和第21条的规定，加入联盟的必须是国家，不包括政府间组织和地区专利组织。根据《专利合作条约》第62条的规定，加入该条约的也必须是国家，但是，在《专利合作条约》第2条中增加了“地区专利”的定义，同时将“国家局”扩大化解释为“缔约国授权发给专利的政府机关”，因此，地区专利组织虽然不会成为《专利合作条约》的缔约方，但是可以作为《专利合作条约》意义下的受理局、指定局、选定局，相当于参与了《专利合作条约》的体系。

借鉴1994年10月27日签订的《商标法条约》第1条的相关规定，《专利法条约》第1条对缔约方进行了定义：“缔约方”是指参加该条约的任何国家或政府间组织。也就是说，除了国家可以成为《专利法条约》的缔约方，政府间组织也可以成为《专利法条约》的缔约方。相比《巴黎公约》和《专利合作条约》而言，《专利法条约》缔约方的范畴从主权国家扩展到主权国家和某些政府间组织以及地区专利组织。

与此同时，借鉴1996年12月20日缔结的《世界知识产权组织版权条约》和《世界知识产权组织表演和录音制品条约》中的有关规定，《专利法条约》第20条对成为该条约的缔约方的条件作出了具体规定。在该

[1] 何隽. 全球化时代知识产权制度的走向：趋同、存异与变通 [J]. 比较法研究，2013(6)：126.

条第 3 款中，列出了在外交会议上按规定作出声明的地区专利组织，即欧洲专利组织、欧亚专利组织和非洲地区工业产权组织，也就是说，这三个地区专利组织可以作为政府间组织成为《专利法条约》的缔约方。

关于将政府间组织以及地区专利组织纳入《专利法条约》缔约方的建议，是否是绝对由欧洲专利局主导或者推动的，笔者没有找到确切的文字资料。但是，从《专利法条约》的历次专家组会议以及随后每年召开的 TRIPS 的会议报告中可以看出，欧洲专利局对于《专利法条约》的评价和期待都是比较高的，也表现出愿意积极推进《专利法条约》的签订，从而推动专利一体化的进程。比如，在 1997 年 12 月召开的《专利法条约》第五次专家组会议中，欧洲专利局的代表就表示了对于新的《专利法条约》草案的赞赏，认为这份草案已经成为那些修改本国专利法国家的参考范本，同时指出正在修改的《欧洲专利公约》的一些条款的修改可以参考《专利法条约》。从 2000 年 11 月 29 日修订的《欧洲专利公约》来看，修订涉及的程序性条款，包括降低确定申请日的条件要求、放宽专利申请文本语言要求、设置超期优先权恢复制度等，都与《专利法条约》的规定存在密不可分的联系。虽然欧洲专利局现在还没有成为《专利法条约》的缔约方，但是可以预见的是，这一天不会太远。

从一定意义上讲，《专利法条约》扩大缔约方范畴，已经突破了审查机构的地域性限制。原来审查专利申请都是独立的主权国家，《专利法条约》将审查机构扩大到了地区专利组织，超脱了主权国家的范围，从这个意义上讲是突破了审查地的地域性。

3. 程序法若干主要规范的统一

《专利法条约》是一部协调专利规范性条款的国际条约，它规定了各缔约方专利法中可以就专利申请过程中的程序性条款作出的要求，包含了专利申请程序中五个重要节点的规范：申请日的确定、申请的形式要求、代理制度、优先权制度和期限救济制度。通过统一各缔约方关于这五方面的立法，《专利法条约》已经基本实现了统一各缔约方专利申请的程序，从而为今后实现统一专利授权程序打下基础。

国家专利法中被《专利法条约》统一的主要程序法规范，名义上仍存在地域性，表面上仍是各国独立的专利法规，但是事实上此地域性“名存实亡”，各国专利程序性规范统一和一致，其“地域性”也就不复存在。

4. 利用电子化手段为跨地域专利协作提供便利

1883 年签订《巴黎公约》时，世界上还没有计算机（第一台计算机诞生于 1946 年 2 月 14 日）。1970 年缔结《专利合作条约》时，虽然已经进入第三次科技革命时代，但是计算机还处于发展的第三代，也就是中小规模集成电路计算机，互联网也刚刚出现（互联网诞生于 1969 年 10 月 29 日）。1995 年之后，在讨论《专利法条约》及其实施细则草案的时候，计算机技术已进入飞速发展通道，处于科技发展的第四代，也就是大规模和超大规模集成电路计算机，同时互联网的运用也越来越广泛和方便，因此在草案的讨论过程中，以美国、日本等国为首的电子计算机技术发展强国的代表团提出，应当在《专利法条约》中增加关于电子申请的条款，推广专利申请的电子化，并且建立统一的国际申请的电子系统。因此，《专利法条约》对用电子手段提交申请相关要求作了明确规定。

《专利法条约》把符合《专利合作条约》规定的申请格式作为建立一种能为世界各国家局接受的申请格式的基础，实现了一种能为所有局都接受的电子形式申请文件，即一种单一的，可由申请人多次向一个以上的国家局申请专利的电子形式申请格式。此外，外交会议根据 WIPO 总干事的提案，取消了基础提案中原规定的缔约方可以拒绝接受纸件的 10 年过渡期，改为“在 2005 年 6 月 2 日之前，缔约方应当允许在纸件上提交通讯。在该期限届满后，任何缔约方可以拒绝在纸件上提交的申请”。[1]

《专利法条约》考虑专利申请电子化的同时，兼顾部分国家短时间内无法建成电子申请系统从而无法实现电子化申请的事实，在其第 8 条第 1 款对于提交来文的手段作出了规定。根据该款的规定，缔约方可以选择仅接受纸件形式提交的来文；也可以选择仅接受电子形式或电子传送手段提交的来文；还可以既接受纸件形式提交的来文，也接受电子形式或电子传送手段提交的来文。《专利法条约实施细则》第 8 条第 2 款对于电子形式或电子传送手段作出进一步规定，电子传送手段包括电报、电传、传真或其他类似传送手段。当然，《专利法条约》本着用户友好的宗旨，还规定了纸件提交的例外。对于选择仅接受以电子形式或电子传送手段提交来文的缔约方，应当接受申请人为了申请日的目的或者为了遵守期

[1] 文希凯．“专利法条约”初析［G］// 国家知识产权局专利法研究所．专利法研究 2000．北京：知识产权出版社，2000：310-321．

限的目的提交的纸件来文，但是可以把它作为形式缺陷，要求通过电子形式或电子传送手段重新提交来文。

《专利法条约》中还有部分规定是为将来信息化的发展作了铺垫，比如其实施细则第 4 条第 3 款对不用提交在先申请或以前提交的申请的副本的情形作出规定。考虑将来能使各主管局从数字式图书馆中得到在先申请副本的情况，外交会议敦促 WIPO 加速建立优先权文件的数字式图书馆系统。这一系统将有利于专利权人以及希望阅取优先权文件的其他人。这款很好地体现了《专利法条约》用户友好的宗旨和推进申请电子化的理念。

可以说，《巴黎公约》是完全基于纸件申请时代设计的公约，《专利合作条约》部分条款中体现了电子化的理念，同时随着技术发展在《专利合作条约》的修订过程中这个理念也在不断体现，但是从某种程度上说，只有《专利法条约》在制定过程中已经考虑到未来信息技术的发展趋势，将电子申请纳入立法考量。相较于之前的条约而言，这是一个非常大的突破，或者说是非常大的进步。更重要的在于，电子化手段克服了实体申请文件远距离传输的不便和低效，为专利申请、审查的跨地区协作提供了便利，有助于消除或降低未来专利一体化道路上的技术障碍。

三、《专利法条约》的价值和局限

（一）《专利法条约》的价值

《巴黎公约》是世界上第一部知识产权国际公约，《专利合作条约》第一次建立了专利领域的国际申请体系，而《专利法条约》是国际专利协调进程中重要的一个里程碑，它是一部规范专利申请程序规范的独立公约，对缔约方国家专利立法有约束力，同时也是统一实体专利法的基础。

《专利法条约》的基础来自《巴黎公约有关专利部分补充协定》，最开始，它是作为对《巴黎公约》一个的补充协定，属于《巴黎公约》的子公约，并不是一个独立公约。在 1999 年 4 月召开的第二次专利法常设委员会就国际局起草的《专利法条约》及其实施细则的行政条款和最后条款的草案进行了讨论。在会议讨论过程中，国际局建议删除草案中的上述表述，理由是《专利法条约》的缔约方可以不必是《巴黎公约》的成员国，因此《专利法条约》不必被认为是《巴黎公约》第19条所述的一个“专门协定”。该建议被大会所采纳。

《专利合作条约》建立了专利国际申请体系，但它对于各缔约方国内专利法的影响是非强制性的，允许各缔约方根据各自国内法的规定对其中某些条款作出保留。而《专利法条约》是一部规范各缔约方如何立法的专利国际公约，它对于各缔约方国内专利法的影响是强制性的，一旦加入，那么缔约方的国内专利法必须符合《专利法条约》的规定，它唯一允许缔约方作出保留的规定是关于发明单一性，因为这可能涉及专利实体规定。

这种强制性体现在诸多方面，以“援引加入制度”和“超期优先权恢复制度”为例，《专利合作条约》在2007年4月1日生效的实施细则中引入了上述两项制度，而这两项制度最早的出处是《专利法条约》。虽然《专利合作条约》引入了这两大制度，但是由于它允许缔约方对相关规定作出保留，因此在制度引入之初，包括美国、中国、日本、韩国在内的很多国家都对其作出保留。当然，不能说《专利合作条约》对于国内法完全没有影响，只是它是潜移默化地间接影响着各国专利法。随着时间的推进，很多国家放弃了对于上述两项制度的保留，目前对于这两项制度保留的国家已经寥寥无几。但是，如果成为《专利法条约》的缔约方，那么就必须将这两项制度纳入本国专利法，没有作出保留的选择。

WIPO在1995年重启专利法协调工作时，按照分步改造和先易后难的思路，将《巴黎公约有关专利部分补充协定》中涉及的形式和程序性问题以及实质性内容进行拆分，分别形成了两份草案，也就是《专利法条约》和《实体专利法条约》。之所以这么做，固然是因为统一专利程序法更简单，但也是考虑到程序统一是实体统一的基础。因此，在《专利法条约》签订之后，专利法常设委员就把工作重点转移到对《实体专利法条约》草案的讨论上，连续6年开展对其的讨论。可以说，《专利法条约》的缔结和生效，让各国看到了统一缔约方专利立法是可能实现的事情，为今后专利协调指明了道路。

《专利法条约》对传统体系既有继承，又有突破，它扩大了缔约方范畴，从一定意义上突破了审查机构的地域性限制，将国家专利程序法若干主要规范进行统一，以嵌入式方式影响各国专利法的程序性规范。但是《专利法条约》不涉及实体性条款，无法逾越专利独立性原则，影响力有待进一步扩大，其任重而道远。

（二）《专利法条约》的局限性

《专利法条约》在协调各国专利立法上的作用毋庸置疑，在专利领域国际条约中的地位更是不可动摇，但是，它自身的特点也难免带来一些局限性。

在《专利法条约》的谈判过程中，以美国为首的国家代表坚持《专利法条约》必须划清与专利实体条款的界限，不要讨论诸如发明单一性问题等专利实体条款。虽然部分欧洲国家希望《专利法条约》可以涉及一些专利实体的规定，但是为了更快推进《专利法条约》的签订和生效，也认可将专利形式规定和实体条款分开，先统一专利形式规定，再讨论统一实体专利法的可行性。因此，最后签订的《专利法条约》是一部仅涉及专利程序条款，不涉及专利实体条款的国际公约。《专利法条约》及其实施细则中的所有条款不得解释为对缔约方专利法中的实体性规定构成限制。例如专利权保护的客体等问题，应由缔约方实体专利法自行规定，《专利法条约》及其实施细则本身不对其进行约束和限制。

《专利法条约》中不仅缺少涉及专利实质内容的规定，还缺少和实质内容强关联的形式要求，比如发明单一性和充分公开的要求。充分公开表面上是对如何撰写说明书进行规定，但是这实际上与实质审查过程中评价“三性”的基础密切相关。发明单一性是要求一件申请只能包含一个发明，如果申请包含一个以上很不相关的发明，那么这可以是程序性的要求，但是如果申请包含一个构思下的不同从属权利要求，那么这种情况下就是实体的要求了。因此，《专利法条约》第 23 条第 1 款特别规定，允许缔约方将发明单一性排除在条约规定之外，也就是说，《专利法条约》对各缔约方关于发明单一性的规定不作要求。

《专利法条约》的定位就是协调各缔约方专利法中的纯程序性规定，完全不涉及实体规定，也不涉及与实质问题强关联的形式规定。单独来看，这正是该条约的特点；但从专利一体化角度看，由于缺少相应的实体法规定与之比肩，《专利法条约》在推动专利一体化的道路上孤掌难鸣，仍未能触及实体内容的地域性。

《巴黎公约》第 4 条之二规定了专利的独立性原则：同一发明在不同国家，无论这些国家是否为巴黎联盟成员，其专利权均独立。没有同一优先权相联系的发明，自然是独立的、互不干涉的；即便是要求了同一优先权的在不同国家的一系列发明，其专利权也是相互独立的，在一国的专利审查决定不应影响到在另一国的同一发明审查决定。

《专利法条约》第15条第1款的规定，每一缔约方必须遵守《巴黎公约》关于专利的规定，其中就包括《巴黎公约》第4条之二关于专利的独立性原则。因此，作为专利领域的国际公约，《专利法条约》延续了《巴黎公约》关于专利权独立的规定，而国际专利协调的最终目标显然是专利一体化，这必须跨越专利独立性原则。就这一点而言，《专利法条约》做得还远远不够。当然，讨论和缔结《专利法条约》的目的显然是专利一体化，只是因为时机还未成熟，各国关于专利授权和保护等的意见分歧还很大，为了促成《专利法条约》的缔结和生效，在讨论过程中各国难免作出妥协和退让，最终才形成了如今的《专利法条约》。

从《专利法条约》2005年缔结生效至今已经13年，成员国从2005年生效之初的11个增长到2018年6月30日的40个，相较于《巴黎公约》175个成员国、《专利合作条约》152个成员国，数量还非常有限。

这40个成员国以高收入国家和中等收入国家为主，各成员国之间经济发展水平存在一定差异，也呈现出各自的特点。例如，美国、日本、澳大利亚、英国、法国等作为传统资本主义强国，在经济发展水平上处于世界领先地位，既是技术的输出国又是市场国；乌克兰、塞尔维亚等中等收入国家，有资源优势和地源优势，近年来经济上较好的表现，在技术进出口方面表现得较为活跃；以俄罗斯为首的欧亚地区组织的成员，在地区组织内部经济合作密切、专利制度协调一致，加入《专利法条约》之后的协同效应主要在组织内部得以体现；爱沙尼亚等位于南部欧洲的几个小国，总体经济规模有限，近年来经济增速迟缓，国内的购买力有限，加之政局存在不稳定因素，缺乏市场吸引力，在专利申请方面的表现乏善可陈。

总体来看，《专利法条约》的成员国数量有限，覆盖地域范围也很小，相对集中在欧亚地区，其影响力必然受到影响。

四、小　结

在专利国际协调的演进过程中，《专利法条约》是不可或缺的。《专利法条约》是在试图对《巴黎公约》改造的过程中间接产生的一个条约，它的产生本身就说明了专利国际协调道路的复杂和多变；《专利法条约》源于《巴黎公约》，又跳出了《巴黎公约》的固有框架，它从补充协定最终成为独立条约，为专利国际协调开拓了新的思路和路径；《专利法条约》通过嵌入方式深入影响缔约方专利程序性规范，在专利国际协调进程中首次实现了国家专利程序法若干主要规范的统一；《专利法条约》扩大缔约方的范畴，突破了审查机构的地域性限制，在专利国际协调进程中打破地域性壁垒方面前进了一大步；《专利法条约》未涉及专利实体性规范，也未逾越专利独立性原则，其成员国数量仍然较少，基于非技术性方面的考虑，诸如欧洲专利局、韩国和我国等国家仍未加入，《专利法条约》影响力有待进一步扩大。

专利审查高速路机制对专利国际合作的崭新推动

范　晓[1]　王　倩[2]

摘　要

近十年来，专利审查高速路（PPH）机制作为一种新的路径在专利制度国际协调活动中日渐显现。本文从PPH机制的本质属性出发，分析其不以条约为基础的非约束性、独立于其他条约的非从属性，以及细致灵活的规则设置的法律特质，进而总结其跨地区、跨程序、跨条约的机制运行特点。在此基础上，本文结合PPH机制内在隐患，梳理PPH机制未来影响，分析PPH机制自身未来走向，预判以PCT、PLT为核心的PPH参与实体协调模型。

关键词

专利审查高速路　工作结果共享　专利审查合作　专利协调　共振

---

[1][2] 作者单位：国家知识产权局专利局初审及流程管理部，第二作者贡献等同于第一作者。

一、专利审查高速路机制概述

（一）源起及发展

以《巴黎公约》为起点的 100 多年里，走向专利一体化的脚步从未停止，并且从最初的程序性协调逐步延伸至实体法协调中。2006 年，WIPO 推动专利一体化的“三驾马车”，包括《专利合作条约》（PCT）的改革、《专利法条约》（PLT）的生效和《实体专利法条约》（SPLT）的谈判，在全球大范围协调活动发展迟滞。几个发达国家和政体迅速调整了策略，专利一体化进程从全球推进转为多边带动，从法规协调转为实务协作，许多双边、小多边范围内的审查协作蓬勃开展起来。2006 年 7 月 3 日启动的“美日专利审查高速路（PPH）项目”就是其中一项重要内容。

最初的 PPH 机制建立在常规 PPH 的基础上，后逐步衍生出 PCT-PPH（2010 年 1 月）以及 PPH MOTTAINAI（2011 年 7 月），同时从双边合作模式也逐步发展出多边合作模式，出现了“五局审查高速路试点”（2014 年 1 月 6 日）和“全球专利审查高速路”（GPPH，2014 年 1 月 6 日）。内容和模式的扩展带来了 PPH 机制的长足进展，截至 2018 年 1 月 6 日，PPH 项目的参与方增长到全球 48 个国家和地区并得以大量应用。截至 2017 年 6 月底，参与 PPH 项目的申请累计 145310 件。目前 PPH 机制已经成为局际最重要、也最活跃的共享机制。

（二）PPH 机制的定义和宗旨

PPH 机制是专利审查高速路（Patent Prosecution Highway）机制的简称，指申请人在首次申请局（OFF）或首次审查局（OEE）提交的发明专利申请中所包含的至少一项或多项权利要求被认定为可授权/具有可专利性时，在一定条件下，可以向后续申请局（OSF）或后续审查局（OLE）对相应的申请提出加快审查请求的一种机制。

这种合作并不是专利审查主权的让渡，换言之，PPH 机制是建立在 PPH 协议局之间可以相互参考和利用（不是承认）各自的检索和审查结果的基础上，因此各协议局的实质审查仍然依据各国（地区）的相关法律法规进行，实质审查的标准与本国（地区）一般申请的实质审查标准相同。

（三）PPH 机制的法律文件

PPH 机制的法律文件由 3 个层面组成，包括：PPH 共同政策、PPH 共同指南、PPH 指南。

PPH 机制的共同政策从缘起、概念、执行预期、前后审查局的权利义务、质量保障和信息反馈等方面对 PPH 机制作出整体规定。

PPH 共同指南是对 PPH 机制的实务规则作出总体规定并给出具体规则模板，其中既包含各局均应当遵守的共同规则，又允许各局根据本局项目的具体审查标准作出对规则的补充规定，同时在共同规则的规定中也采取选择式的模式，即罗列出同一适格性要求项下的不同执行标准，由各成员方自行选择具体执行方式。

PPH 指南则是局际在签订开展 PPH 项目时的具体执行规则。

另外 PPH 复边会议的会议声明也会对 PPH 机制的进程产生影响。

二、剑指独立——PPH 机制的贡献

（一）“三非”——PPH 机制的法律特质

1. 非约束性——不以条约为基础

传统专利国际条约，例如《专利合作条约》《专利法条约》，缔约方想要加入条约均必须无条件接受条约的所有规定，或者是起码满足条约所规定的最低要求，因此各缔约方在加入条约时必须已经完成对本国的专利法律制度和程序的修改以体现条约规范要求。同时由于“国际条约与国内法发生冲突时，国际条约效力高于国内法”的原则，这种在国家法层面的修改体现为一般不得严于或高于国际条约制定的标准，即将条约规范切实纳入本国专利法律制度中。

而 PPH 机制发展至今仍然以项目形式存在，对大多数参与机制的国家或地区不具有国际条约的强制约束力，即 PPH 机制的各项规定不包含对各国的专利法律程序及标准提出修改要求的条款，各国可以在不需要修改本国法的基础上直接接纳 PPH 项目。PPH 机制虽然要求各参与方最大化地使用在先审查的工作成果，但是对于未使用工作成果的后果未作任何规定，因此各协议局对利用的程度高低仍仅需依照本国审查需求进行。

由于协议局具有更多保留各项权利的自由，因此项目规则在运行中

呈现出多维度的特点。一方面局际可以“恰当地评估 PPH 项目的可行性”，甚至“两局在请求数量超出可管理的水平时，或者出于其他任何原因，可终止 PPH 项目”；另一方面，各局在满足 PPH 共同政策的前提下还能自行选择具体执行标准，从而尽可能满足不同经济发展状况和专利制度发展进程下的国家的不同需求。

2. 非从属性——独立于其他条约

传统专利国际协调往往以缔结某个具有法律效力的国际条约为前提，并在该条约框架下开展具体实务或程序层面的合作。而 PPH 项目初始阶段仅为美、日双方基于工作结果共享的实务合作。因此 PPH 机制并非“由上至下”地在缔结了国际条约之后才开始运行，而是在完成对适格性要求的梳理之后展开的审查实务层面合作项目。

但 PPH 机制未将合作置于任何国际条约下，其他条约的程序性或实质性条款都未对 PPH 机制的顶层架构产生实质影响，例如与 PCT 的协调也仅是为了充分利用 PCT 申请的国际阶段工作结果。

同时这种独立也体现在 PPH 机制下各协议局无须按照其他国际条约的相关规定修改国内法，且局际合作核心不会由于请求基础等因涉及其他公约或条约的规定而发生变化。另外，PPH 机制从设立之初到目前的共同政策中均未明确规定 PPH 项目与《巴黎公约》、PCT 等专利国际条约的关系。

3. 非统一性——细致灵活的规则设置

传统专利国际条约在缔结过程中为了能最广泛地适用于各缔约方，并不会直接设置一套适用于所有缔约方完全统一的标准和规范，而是会将原则、标准简化成一套各缔约方均可以适用的最高要求，并通过修改缔约方国内法或国内法直接引用的方式适用。例如《专利法条约》中就将程序法中最为重要的申请程序及手续节点做成示范法，各缔约方必须将其直接嵌入国内法中的具体规范中，通过修改国内法达到规范统一各缔约方地区专利法有关专利形式要求的目的。

PPH 机制反其道而行之，以合作项目为基础使得规则在磋商过程中并不是形成原则性规定，而是在专利审查机构层面展开并制定具体执行标准和流程，规则制定过程也不受某些例如 WIPO 的国际专利组织主导或影响。

PPH 机制的法律架构在执行层面包括共同指南和指南。共同指南中规定的共同规则允许各局作出补充规定，也允许各成员方自行选择具体执行方式。指南是各局在实际运行 PPH 项目的具体执行标准和要求。开放式的指南模式提供了 PPH 机制最大的宽容性和可选择性，使得各局不需要参照统一标准和要求执行项目，而是从选择路径、协议模式到实务标准、运行流程乃至费用设置均可以在满足 PPH 共同政策和方针的前提下更加有效地依照本国实际情况有针对性地进行选择，且随国内形势变化能更高效地调整执行标准，而无须上升至 PPH 共同指南修改的层面，从而进一步降低各局加入 PPH 项目的心理门槛。

（二）突破与协同——PPH 机制的潜在法律影响

1. 润物无声——对独立性原则的意图突破

近年来专利国际协调的最终目标是各国在多边国际公约框架下协调本国专利法的程序和实体规则，逐步达到申请程序和实体审查标准的统一。然而，迄今为止由《巴黎公约》确立的专利独立性原则“并没有因为全球化的深入而动摇，对于权利客体和权利范围的界定以及如何行使权利的规范，仍必须由国内法来决定”。

PPH 机制原则上依旧遵从《巴黎公约》所确立的独立性原则。但其作为一种重要的工作结果共享和利用机制，真的丝毫不影响后续申请的实质审查进程及标准吗？事实上，PPH 作为明面上的审查加快机制，在实审程序中审查效率已经超越了一般申请。PPH 共同政策中明确指出，“PPH 请求在被同意后的申请的实质审查应当在整个审查阶段均被加速完成”。这意味着，这种加快不仅是首次实审阶段审查的加快（例如检索阶段或第一次审查意见通知书），也包括到获得最终审查结果过程中的加快（例如到获得授权结果）。更为重要的是，PPH 机制对审查标准的影响不仅仅体现在加快审查方面，更多地经由适格性要求对后续申请的限定使得后续审查局审查员无可避免地利用首次审查局的工作结果。其表现为：一是 PPH 机制已经明确局际工作结果互相利用；二是首次申请与后续申请被限定于同一发明创造，使得工作结果的共享与利用基于同一主题的发明展开；三是 PPH 政策要求“在先审查局应当尽最大努力提高审查质量以提供可信赖的工作结果”，以要求“在后审查局被期望在申请间符合权利要求充分对应性和国内法律框架下最大化地利用在先审查局作出的相关检索/审查信息”，即使进行补充检索，也是在本国文献库中进行，同时在对新颖性、创造性和实用性依据本国法进行判断时常常参考首次审查局的审查意见；四是对后续申请权利要求范围的限定保证了后续局能在承认前后局审查程序和标准差异的基础上更大程度上有效利用在先审查局的工作结果。

PPH 机制从上述各方面使得专利的申请、检索、审查以及授权各个环节在多国之间形成的审查网络中互相贯通，在先审查局作出的工作结果在国际协作下的审查网络中对后续审查局的审查发挥着能动作用，审查主体由一个国家承担向着多国合作完成转变，进而对传统专利中的地域性原则造成挑战。

2. 优势外溢——其他专利条约和项目的“搭车”快进

PPH 机制的发展不仅体现在国家间工作结果的共享中，还体现在对其他条约和项目的促进。

PPH 机制从一定程度上解决了 PCT 体系中不同阶段不同国家工作结果利用率低的问题。PPH 机制天生带有“PCT 因子”。PPH 机制使得不同国家的 PCT 国家阶段的工作结果能在其后不同的指定局/选定局中得到有效利用，更为重要的是 PCT-PPH 允许申请人利用在先 PCT 国际申请的国际阶段工作结果，向后续审查局提出 PPH 请求。这样国际阶段工作结果的利用不再局限于无约束性的参考，而是上升至“最大化地利用”，导致 PCT 国际阶段的审查标准向国家阶段的直接渗透，令 PCT 对于国内专利法的实际影响力在实体规范层面达到更深、更广层次的影响，这也与 PCT 在今后的发展趋势中走向对实体程序构建目标相一致。因此不难看出，PCT 中引入 PPH 机制，也是 PCT 改革进程中的一种“搭车”行为。

在数据交换方面，PPH 的数据共享属性要求局际对数据库不断开放和共享，例如 PDX 系统，使得各局在获取对应申请审查信息的过程中工作不断简化，全球案卷系统的建立和各国专利审查信息在云平台上的共享使得各个协议局的审查工作的交互更加深入。

在译文的翻译方面，PPH 机制适时将机器翻译引入指南中，并在多次会议中强调机器翻译的重要性。目前，部分专利局已经能够提供卓有成效的机器翻译服务，例如日本特许厅和韩国知识产权局可以分别利用 AIPN 系统和 KPION 系统完成日语、韩语申请文本与英文的申请文本间的对应翻译；欧洲专利局也正在建立其翻译服务。正是由于 PPH 机制的发展，相关必要技术和平台也逐步走向成熟。

3. 潜移默化——对国内专利实体法的平衡趋同

参与PPH机制的各方在PPH框架内可以充分了解和适应其他各方的审查标准和规范，对比了解各局的审查工作情况，清晰得知各局的专利审查质量，乃至对整个机制的运行状况和本国专利审查工作都得到较为全面的评估，并在此基础上为各方的实体法标准协调建立信任和理解的平台。同时各局在未来的国际化的审查网络中所承担的角色变得多样化且互相交错，为未来在实体法标准协调过程中达到共同检索，甚至共同审查提供了试验机会。

而对于尚未加入PPH机制的国家或地区而言，PPH机制从适格性要求等各方面对申请的实体性标准的“共性”划分出一片区域，如果希望加入该机制，就需要尽可能与其他国家或地区的标准相一致或近似。虽然PPH机制不要求参与方以修改本国法为前提参与，但是为了使得工作结果在己方与外方间的最大化利用，必然需要在运行机制的过程不断修改本国法实体标准以适应PPH机制的需求，以满足与参与各方实体标准大体一致的目标。

PPH机制立足于加快审查，但实际放眼于基于工作结果共享上的实体标准一致性，其不是传统方式上大刀阔斧地直接通过国际条约的方式规定实体法规则，而是单刀直入式切入各局实质审查程序中，通过前后申请审查结果的能动效应推动各局实体标准的一致，是一种细雨润无声式的隐形渗透和间接突破。

三、PPH机制未来发展基石与局限

（一）“三跨”——PPH机制未来发展基点

基于其现有的非条约性、非从属性和非统一性的特点，PPH机制将实体法标准的趋同协调浸润到各个国家或地区，通过与其他专利条约和项目的“搭车”前行不断扩充影响范围和扩大影响效果，进而为未来对国家或地区专利实体法的平衡趋同埋下伏笔。

1. 跨地区

现阶段PPH机制已经呈现出多地区、多经济格局共同协作的特点。为吸引更多成员方加入项目，PPH机制允许各方以国家身份和政府间组织身份加入。PPH机制的参与方广泛分布于世界各地，甚至包括经济欠发达的非洲和拉丁美洲地区，参与方经济水平各异，以高收入国家和中等收入国家为主，参与方间的经济发展水平与各大洲经济发展水平相呼应。成员的广泛性又反过来影响 PPH 机制发展的灵活性，经济格局较好的成员方希望借此将技术市场拓展至更多国家，审查标准能更好地得到协调；经济发展和专利制度水平一般的参与方则乐于适用的双边协议可以有效调整审查合作范围，仅将适应自身发展需求的合作方纳入合作体系，既能有效利用资源，又能保护本国市场，这使得 PPH 机制显示出与其他国际合作机制所不同的旺盛生命力。

2. **跨程序**

PPH 机制并不要求使用最终的授权结果来要求后续审查局对结果的利用，通过对中间肯定性审查结果的利用使得多个国家或地区的多个前后可关联的申请间结果产生传导效应，进而将审查主体由一个国家或地区单独承担转变为多国或地区间互相合作完成。PPH 机制对申请间权利要求充分对应性的判定使得各参与方大致划定了在现有程序下对可专利性的认定标准，专利的授权审查标准可以在机制运行过程中相互影响，进而相互接近、相互认可。因此 PPH 机制中后续审查局可以利用在先审查局的工作结果减少由于审查环境和标准的差异性而造成的可专利性的判定误差，以间接推进方式在全球范围内构建起专利审查国际一体化网络。

3. **跨条约**

PPH 机制的成员方对审查国际协调从程序协调起就建立了良好的合作基础，参与 PPH 机制的 48 个成员方均为 PCT 的缔约方，其中专利组织以外的其他所有国家均为《巴黎公约》的缔约国，另外有 12 个国家也是《专利法条约》的缔约国，各成员方的多条约项目参与对审查国际协调从程序协调起就建立了良好的合作基础。同时机制各成员方不仅关注已经生效的国际条约，也将目光集中于即将生效和正在谈判中的国际条约和地区间或专利局间的工作共享。例如在《跨太平洋战略经济合作伙伴协定》（TPP）中，TPP 的伙伴国中有 9 个国家也参与了 PPH 机制，且在 TPP 的第 18 章第 14 条中明确规定了专利合作与共享，指出“为了改善专利体系的质量和效率，各缔约方应致力于在各自的专利局之间开展合作，以便利检索和审查成果的共享和利用”，包括“向其他缔约方的专利局提供检索和审查结果，交流专利审查质量保障体系和质量标准的相关信息，致力于通过合作减少各专利局间程序和流程的差异”。同时，中美欧日韩五局间开展的各种合作，以“减少各局之间非必要的重复工作、提高专利审查效率和质量、保证专利权的稳定性”，以东南亚八国[1]于2009年6月15日共同宣布实行东盟专利审查合作项目（ASEAN Patent Examination Co-operation Programme，ASPEC）等都是相互协调的体现。

（二）“三患”——PPH机制的局限性

作为一种工作共享机制，PPH机制已经成为局际工作结果共享的最令人瞩目的机制，但是发达国家和发展中国家利益诉求的不一致性无可避免地会影响机制未来的发展，而机制本身的不确定性在能够尽可能纳入更多的国家参与的优势下保留着可能随时撤销的隐患。

1. 各国保持对PPH机制的警惕性

作为领先技术的占有者和输出者，以美国专利商标局（USPTO）、日本特许厅（JPO）为代表的发达国家既需要尽可能减少国际贸易中由于专利权产生的阻力，保护本国申请人在海外市场利益的最大化，获得与在发达国家本国能够获得的相近的稳定的专利保护范围，也需要在未来的专利国际协调中占领主动，将本国的审查标准和审查理念输出到其他国家和地区，并在国际立法层面得以实现。正如吴汉东教授在《知识产权国际保护制度的变革与发展》中指出，“立法一体化的结果是知识产权保护的高标准化，最低标准的实质意义在于各缔约方在保护标准上的一致性，体现了权利的高度扩张和权利的高水平保护，更多地顾及和参照了发达国家的要求和做法”。

当然，并不是所有的申请大国（地区）都体现出如日美一样的积极态度，以中国和欧洲专利局（EPO）为代表的申请大国（地区）在机制发展过程中积极参与，谨慎抉择。例如中国，PPH机制能为中国申请人海外快速获权提供帮助，特别在数字通信领域，技术的高度发展和快速更新使得该领域我国参与PPH机制的诉求与发达国家呈现趋同的趋势；但我国在PPH机制运行中呈现出进入量与输出量严重不均衡的态势，大规模的PPH申请输入将对我国国内审查体系造成一定冲击，较多地占用我国审查资源，继而使得普通申请体系审查速度放缓。EPO虽然其自身

[1] 包括柬埔寨、印度尼西亚、老挝、马来西亚、菲律宾、新加坡、泰国、越南。

有将审查标准向外输出的诉求，但 EPO 对 PPH 前后申请工作结果的能动效应持保留态度，不信赖他国工作结果的态度使得 EPO 在利用机制时难以达到最大化利用的程度。单一专利制度在欧洲地区的运行是否会受到 PPH 项目的冲击或者影响，也是 EPO 考虑的另一方面。

以印度和巴西为代表的发展中国家，在 PPH 机制发展过程中呈现出一定的消极接受，甚至抵触情绪。发展中国家鉴于知识产权发展水平并未达到发达国家水平，保护力度也未达到发达国家标准，因此在国际立法层面无法掌握真正话语权。同时发展中国家由于国内发展需求，需要知识产权中的某些要素与策略作为贸易壁垒，保护国内民族产业的发展，甚至可能采取故意延缓审查或者针对特殊领域采用特殊审查的方式，在技术创新的当今寻求自身发展。另外，发展中国家一般实际向外提交申请的请求量并不高，实际向外国提出加快审查的需求并不明显。

2. 挥之不去的独立性影响

PPH 机制发展至今，为了降低国家参与机制的心理障碍，依旧没有直接对独立性原则发起挑战。PPH 机制对审查过程的直接介入使得其不同于以往的工作共享模式，工作结果的利用已经被要求达到最大化利用和全实审阶段利用的地步，甚至这种利用未来可能延伸至复审阶段；但推崇 PPH 机制的各发达国家为保持 PPH 机制对中小国家的吸引力以绕开发展中议题可能带来的外交、立法等各方面的影响，无法在现有机制框架下形成对工作结果的直接承认，因此依旧在遵循独立性原则的前提下开展工作。

因此如果不在未来以缔结独立条约的方式订立新的 PPH 条约，且明确既借鉴于《巴黎公约》体系的有益因素，但又不以《巴黎公约》框架为基础，在审查标准和审查进程中明确不必遵从于独立性原则，就难以在未来得到长足发展。而这必然使得各方会由于国家利益和主权因素而产生争执，这种“破与立”“进击与妥协”之间的矛盾可能很长一段时间内都会成为 PPH 条约化的障碍。

3. 松散的合作模式

PPH 机制的灵活松散的设置模式体现在以试点项目方式运行，试点的时间由 1 年至永久试点不等；也体现在松散的合作模式中，例如 PPH 机制中规定：“各局在请求数量超出可管理的水平或出于其他任何原因，可终止 PPH 项目。”可以看出如何参与机制与各方参与机制的诉求密切相关。各国或地区发展状况和专利水平的差异都使得PPH项目难以在所有国家或地区间达到利用效果一致化。这种不一致既包括在不同国家或地区间请求的顺差或逆差，体现在各国或地区专利制度管理水平的高低中，也包括出现案件激增的情形，很可能在审查速度和审查结果的利用上出现差异化的结果，进而影响各局在机制运行中的判断。如何在灵活设置PPH机制的同时尽可能提升对机制持保守或观望态度的国家或地区的兴趣，保持机制运行的长期有效和稳定，是PPH机制未来发展中需要关注的重点之一。

四、PPH机制及实体法协调未来走向预判

（一）独立还是分化——PPH机制未来走向预判

PPH机制诞生于SPLT谈判受阻、PCT改革受困之时，是发达国家在推进实体专利法协调进程中受挫而转向审查实务协调的应对策略。然而发展至今上述隐患如影随形，前景扑朔迷离。

1. 回归传统——在WIPO框架内建立条约

PPH机制发展至今已经具备某些准条约化的特征，例如2014年第七次复边会议中通过了PPH共同政策和共同指南，规定由国际法主体间缔结，规定了主体间的权利义务，具有部分的法律约束力，但松散的合作模式和行政管理规定的缺失是条约化道路上的阻碍。

在PPH条约化进程中，WIPO一直对此表现出极大兴趣，并派代表以观察员身份参加会议。对知识产权条约的系统化管理正是WIPO所擅长的，而PPH机制对其他国家或地区工作结果的利用核心也与WIPO在2002年明确提出的“世界专利议程”中间方案[1]中的第一步[2]相吻合。将PPH机制纳入WIPO框架并形成条约，WIPO可以再次尝试推动实体专利法协调，从实务层面对其他国家直接渗透审查标准，并可以与改革中的PCT不断结合以提升国际阶段工作结果对国家阶段的影响力，同时与PLT并行分别在标准统一和程序统一方面形成国际专利法新基础，构成

[1] 中间方案包括两种模式：在专利法协调的基础上，首先实现对于其他专利局检索和审查结果的利用；其次实现对于其他专利局专利检索和审查结果的承认或互相承认。

[2] 何越峰.《实体专利法条约》谈判历程及趋向评析［D］. 北京：北京大学，2005.

未来专利一体化的新基石。

也要看到，即使 PPH 机制在 WIPO 框架下形成新条约，形成过程中也可能分化出两种不同的路径：其一是由 WIPO 主导，如同以往 PLT 的缔结或 SPLT 的谈判过程一样各国响应，但此种模式可能再次形成发达国家和发展中国家两大阵营的对峙；其二是由部分成员国主导的发展路径，如积极推进现有 PPH 机制发展的日本、美国、英国等继续大力推进 PPH 机制，但此种模式在最终可能还是回到 WIPO 主持下的谈判桌上解决分歧。

无论何种，在 WIPO 框架下将呈现的最明显的政治特质，就是参与 PPH 新条约的缔约方将被要求是只有主权国家能加入，排斥以单纯关税区的身份加入，而现有 PPH 合作机制允许有权接受专利申请、进行审查并能授予专利的组织参与项目。因此将其完全置于 WIPO 框架下，可能还需要在今后的谈判过程中经过调整，以符合主权国家参与这一标准。当然，对于我国而言，还是希望将其拽回到 WIPO 框架下进行谈判，强制要求以主权国家参与，这样既为我国政治考量，也将更发挥中国在未来国际合作中的作用。

2. 另创体系——在 WIPO 框架外建立新协定

尽管在 WIPO 框架内促成 PPH 条约的达成有着上述诸多优势，且符合 WIPO 意愿，但发展中国家在 PPH 机制中或保守或观望的态度不会让此种可能轻易实现。WIPO 框架内占成员方大多数的发展中国家无疑已经对实体法协调的敏感度达到一定程度，使得后者难以在 WIPO 框架下短时间达成。因此，在现有基础上以较之国际条约的缔结和生效稍简单的国际协定方式建立一种双边或多边的 PPH 协定，将目标设定为专门解决工作结果的共享和利用也成为一种可能。事实上，在当今已有和即将生效的国际经贸领域协定中，例如日本与东盟签订的 EPA 协定、即将生效的 TPP 协定，都有专门条款对专利检索和审查结果的利用在政策层面作出规定。这些也会对 PPH 机制在 WIPO 框架外形成新的国际协定产生影响。

如果 PPH 机制今后在 WIPO 框架外形成新协定或新条约，极大可能是在世贸框架下展开工作。当然，即使如此也存在世贸主导还是部分成员方主导的可能性。即使未来不在世贸框架下展开谈判，相信它具有世贸框架下的一些特征，例如允许引入像世贸一样独立关税区的非主权国家。而这也与目前 PPH 机制既允许《巴黎公约》的缔约国或者 WIPO 的成员国，也允许任何政府间组织成为 PPH 的参与方的条件吻合。

3. 有的放矢——以项目为基点打通国际与国家间协作界限

即便 PPH 机制在未来发展中无法形成国际条约或协定，可以肯定基于工作结果的利用也不会就此止步。政策层面 PPH 机制自身保持各成员方独立审查，且不需要通过改造国家审查标准就可以参与机制，因此某种程度上可以获得在国际协调中并不占据主动权的发展中国家的好感。PPH 机制还将申请人角色纳入合作，以加快审查，提高授权预期为导向使得申请人在机制中不断促使本国政府考虑并积极参与项目，达到扩大 PPH 机制影响力的作用。

PPH 机制发展中不断拓宽前后申请的关联性，充分利用机器翻译和局际间的数据交换的举措显示出对工作结果利用的强大推动力。目前 PPH 机制已经实现国际阶段和国家工作结果的利用，但实践中部分国家间的结果共享和审查协同机制已经蓬勃开展，如五局间的 PCT 协作式检索和审查试点项目（CSE 试点）和美韩、美日间协作式检索试点（CSP）项目，都正在尝试将审查协同覆盖于检索和审查中，这必将影响 PPH 机制未来发展。同时，仅对实质审查阶段的加快在部分国家（例如韩国）也已经扩展到对未授权前的整体程序（例如，复审阶段）的加快和工作结果共享中，将 PPH 机制影响范围进一步扩大。在权利要求充分对应性中，已经有国家（例如加拿大）提出将《PCT 国际检索和初审指南》中的相关规定引入对“新的/不同类型的权利要求”的对应性判断，扩展对应性适用范围。[1]

因此，即使未来 PPH 机制仍然以双边/多边项目为基础运行，此种跨越条约的局际合作模式也能符合各方基本诉求，可以打通国家间专利协调的界限，形成一种桥梁作用和预先尝试，并为最终将实体专利法协调回归到 SPLT 的谈判中做好前期铺垫。而 PPH 机制下不断简化的适格性要求和形式要求则为该机制未来的蓬勃发展不断注入新的活力。

（二）协同发展——实体法协同发展趋势预判

在专利国际协调领域，各种业已缔结的条约和开展的项目间以一种网状结构构建平台。在此方面，PCT、PLT、PPH 的效果尤为明确，三

❶ 加拿大在 PPH 第五、第六次复边会议上提出的议案。

者间成员间的交叠，PCT、PLT 成员间国家程序法的相同或相近，PCT、PPH 成员间国家实体法标准差异的缩小，成为 PCT、PLT、PPH 未来共振发展基石。本文在梳理 PPH 机制未来影响的基础上预判以下两种以 PCT、PLT 为核心的 PPH 参与实体协调模型。

1. 以 PCT 机制为核心的实体协调

《PCT 国际检索和初步审查指南》规定了新颖性、创造性、工业实用性、说明书和权利要求书的要求等一系列实体性规范，因此 PCT 实际拥有完备翔实且在国际阶段施行多年已较为认可的实体法标准，使得在国际阶段获得工作结果的同时，为将 PCT 的实体法标准推广至各缔约国奠定了基础。但依据 PCT 第 27 条第 5 款[1]以及第 33 条第 1 款[2]的规定，国际阶段的工作结果不具有法律约束力。换言之，由于独立原则难以突破，各局的工作成果无法完全共享，“国家阶段”难以统一。

PPH 机制以工作共享为名影响审查结果在一定程度上解决了 PCT 体系存在的上述困扰。利用 PCT-PPH 使得对国际阶段工作结果的利用不再局限于无约束性的参考，后续审查局在审查过程中在保证审查独立性的基础上必须充分利用在先国际阶段工作结果，达到 PCT 国际阶段的审查标准向国家阶段直接渗透的效果，PCT 对国家专利法的实际影响力将在实体规范层面达到更深、更广层次。事实上 PCT 体系也在改革过程中积极与 PPH 机制协调，并在 2014 年已经提出将 PCT-PPH 纳入 PCT 细则，但尚未实现。

因此，PCT 对于国家实体法的协调并非存在规则不完备的困难，关键在于现有体系中对 PCT 中第Ⅰ章、第Ⅱ章有关工作结果非约束力效力的规定限制。如果将来 PCT 将 PPH 机制纳入其中，PPH 机制的广泛运用可为打破审查独立性奠定基础，并形成工作结果互认机制。其后 PCT 如果取消第Ⅰ章、第Ⅱ章中对国际工作结果的非约束性规定，或者将其指定为保留性条款，那么一旦进入国家阶段时即与 PLT 配合形成自动进

[1] PCT 第 27 条第 5 款：本条约和细则的任何规定都不得解释为意图限制任何缔约国按其意志规定授予专利权的实质性条件的自由。特别是，本条约和细则关于现有技术的定义的任何规定是专门为国际程序使用的，不构成对申请的形式和内容的要求。因而，各缔约国在确定国际申请中请求保护的发明的专利性时，可以自由适用其本国法关于现有技术及其他专利性条件的标准。

[2] PCT 第 33 条第 1 款：国际初步审查的目的是对下述问题提出初步的无约束力的意见，即请求保护的发明看来是否有新颖性、是否有创造性（非显而易见性）和是否有工业实用性。

入，然后又允许缔约国可以选择直接承认国际检索甚至国际初步审查结果，即申请人在办理进入国家阶段程序后只需要办理登记程序，就将形成工作结果共享互认。

但现有申请途径中一般包括直接申请、《巴黎公约》途径以及 PCT 途径，PCT 仅为其中之一而不能完全取代。同时就 PPH 机制而言，对工作结果的利用依旧包括利用国内工作结果的常规 PPH 机制，即其是对《巴黎公约》途径申请和 PCT 途径申请工作结果的兼容。PCT 体系诞生于《巴黎公约》下，如何将《巴黎公约》途径申请纳入其中将是未来发展中的难点之一。

2. 以 PLT 机制为核心的实体协调

PPH 机制是达到实体专利法协调的变通之道，是 SPLT 的替代路径。如果 PPH 机制得到长足发展，有可能催生出两种结果，一种是在现有 PPH 机制上直接形成工作结果互认机制，另一种则是通过区域间的工作结果共享重新推动 SPLT 的缔结，直接在国家专利法层面体现。试想如果各国或地区已经解决授权条件的实体标准问题，那么需要统一的就是如何在多个国家或地区办理专利权登记手续。换言之，一旦出现独立的授权实体、参与各国或地区直接认可授权结论的时候，或者实现成员间可以直接认可其他几局的授权结果时，如何实现在本国或地区内的生效，其实也就成为一个程序节点。

作为一部不断协调规范各国程序法的条约，如果 PLT 能够增加关于专利授权、登记的手续规定，并将 PPH 机制中关于成果共享，甚至成果互认的机制纳入其中，那么就可以实现以 PLT 为主导的统一的审查、授权路径。由于 PPH 机制本身就包含常规 PPH 和 PCT-PPH，且在申请路径中同时也包含了普通国家申请路径和 PCT 申请路径，已经不存在与 PCT 不兼容的问题。甚至，结合前述以 PLT 为主导建立统一申请平台的模式，PCT 此时已经融入 PLT 当中，申请人也不再区分国际阶段和国家阶段。

当然，此种模式也存在障碍，PLT 成员数量不多使得其很难在短时间内扩展到所有 PCT 成员，且其与 PPH 成员方之间也并非完全一致，因此需要使得 PLT 具有广泛选择性是其发展的第一目标。